Günther

Walter Benjamin und der humane Marxismus

HENNING GÜNTHER

Walter Benjamin und der humane Marxismus

Walter-Verlag Olten und Freiburg im Breisgau

Satz und Druck: Buchdruckerei Baumann AG, 5737 Menziken
Einband: Buchbinderei Walter-Verlag, Heitersheim
Printed in Switzerland

ISBN 3-530-29710-0

INHALT

EINLEITUNG

Es ist Theodor W. Adorno zu verdanken, daß das Werk und der Name Walter Benjamins nicht verloren sind. Wenn Benjamin zu den wenigen gehört, die einer an den Fragen der «Kultur» interessierten Öffentlichkeit bekannt sind, so ist das eine Folge des späten ideenpolitischen Triumphes der kritischen Theorie der Frankfurter Schule. Denn Adorno hat nachdrücklich die Bedeutung Benjamins für die kritische Theorie erweisen wollen. Seine Schriften wurden seit 1955 auf Betreiben Adornos in verschiedener Form veröffentlicht und seit etwa zehn Jahren auch gelesen. Zur Zeit erscheint eine zuverlässig edierte und kommentierte kritische Gesamtausgabe, die von den Schülern Adornos betreut wird. In verschiedenen Bänden sind Zeugnisse und Stellungnahmen zu Benjamins Leben und geistiger Physiognomie gesammelt. Aber Adorno hat Benjamins Denken seiner negativen Dialektik differenzlos zuzuordnen versucht. Am weitesten exponiert hat sich dabei sein Schüler Rolf Tiedemann in der bisher einzigen Monographie zu Benjamin, die erschienen ist. Diese Einvernahme Benjamins löste heftige Kontroversen aus. Denn Tiedemanns Verfahren bestand darin, Satzfragmente Benjamins in einen Zusammenhang zu montieren, der selber aus Zitatfragmenten zahlreicher Autoren der Frankfurter Schule konstruiert war. Nun ist es schwierig, Benjamins Denken in diskursivem Stil zu referieren, aber unmöglich, wie man Adornos philosophischer Destruktion eines diskursiven Textes getreu behaupten mußte, ist es nicht. Tiedemanns Verfahren erzwingt die Frage, ob Benjamins Denken zurecht in den Kontext der Frankfurter Schule gerückt wird. Seine Arbeit enthielt außerdem noch eine erste Bibliographie des Gesamtwerks Benjamins und eine Beschreibung der unveröffentlichten Schriften, die zum größten Teil in Adornos Besitz waren. Die anfängliche Entrüstung darüber, daß diese wichtigen Schriften seit 25 Jahren der Öffentlichkeit vorenthalten worden waren, ist durch die Herausgabe der kritischen Gesamtausgabe gegenstandslos geworden. Aber es wurde auch der Vorwurf inhaltlicher Verfälschung durch die Frankfurter Schule erhoben und zwar insbesondere von orthodox marxistischen Positionen aus. Adorno habe Benjamins Wendung zum orthodoxen Marxismus nicht eingestehen wollen.

Neben der Inbesitznahme Benjamins durch die Frankfurter Schule und einen orthodoxen Marxismus stand von Anfang an die jüdisch-theologische Interpretation durch den Freund Benjamins, Gershom Scholem. Diese Interpretation ist den beiden anderen, philosophisch-spekulativen und politischen so wenig kommensurabel, daß es eine inhaltliche Kontroverse nie gegeben hat, sondern allein die Authentizität jeweils belegt werden konnte, mit der sich unvereinbare Positionen auf Benjamin berufen konnten.

Neben diesen drei kontroversen Interpretationen entwickelte sich weniger streng eine ästhetisch-feuilletonistische Rezeption, die entweder den Beschränkungen von Literatur- und Kunstwissenschaften entrinnen wollte oder einfach am Reichtum Benjaminschen Denkens partizipierte. Die Thesen, die einer solchen Diskussionslage entgegengesetzt werden können, sind folgende: zwischen Benjamin und dem kulturkritischen Neomarxismus der Frankfurter Schule bestehen unaufhebbare Differenzen. Die Behauptung, Benjamin habe sich von einer theologischen Frühphase zum historischen Materialismus entwickelt, ist falsch. Eine Unvereinbarkeit der theologischen Motive mit seiner materialistischen Theorie besteht für Benjamin nicht. Und schließlich: eine Beschränkung Benjamins auf die Förderung von Kunsttheorie wird ihm nicht gerecht, ebensowenig die Anerkennung der Bedeutung Benjamins für die Rettung von Kultur. Es handelt sich vielmehr um ein Denken, das nicht Parteigänger apologetischer Interessen war (Marxismus, jüdische Theologie), sondern einen komplexen Theoriezusammenhang entwickelte, den man Philosophie nennen sollte. Wenn die Frankfurter z. B. an repräsentativer Stelle Benjamin unterstellen, er wolle «mit lautlosem Kichern die gewaltigen Uransprüche der prima philosophia ihrer Hohlheit» überführen, wird der philosophische Ernst Benjamins billig einem kulturkritischen Aperçu geopfert[1].

Als einfachste Erklärung der Vieldeutigkeit Benjamins ist häufig mit moralischem Vorwurf verbunden gesagt worden, daß Benjamin auf verschiedene Adressaten bezogen gleichzeitig unvereinbare Stile und Interessen verfolgt habe. Benjamin selbst spricht gelegentlich von seinem Janushaupt. Gemeint ist das gleichzeitige Interesse am Sowjetstaat und am klassischen Weimar Goethes. Aber es kann gezeigt werden, daß die Vielgesichtigkeit Benjamins auf einer konsistenten Einheit seines Denkens beruht. Das wird an dem Beispiel Sowjetsystem und klassisches Weimar daran deutlich, daß Benjamins Beitrag zur sowjetischen Enzyklopädie in dem Artikel «Goethe» bestand. Der Eindruck der Vielgesichtigkeit entsteht durch Benjamins Methode, jeweils sich auf den Gegenstand und den Kontext der Rezeption weitgehend einzulassen. Sein Verfahren ist dem von Nietzsche einmal beschriebenen, daß sich die Geistesheroen von Gipfel zu Gipfel grüßen, entgegengesetzt. Er sucht bei kritisierten Positionen den Bereich der Anerkennung und des Lernens soweit wie möglich zu erweitern. So kann eben die Heilkräuterlehre eines schweizerischen Pfarrers wichtiger sein als die Sensation des politisierenden Theaters. Die Bereitschaft zur Anerkennung und zum Lernen hat aber nichts Opportunistisches. Die philosophische Position Benjamins läßt sich von den ersten Reden und Entwürfen an bis zu den letzten Fragmenten als identisch erkennen. Wenig kontrovers ist seine politische Position. Er gehörte zu den Wortführern der wenigen Kriegsgegnern der Jugendbewegung vor dem Ersten Weltkrieg. Zu Beginn der Weimarer Republik setzte er auf die konsequente Verwirklichung eines Rechtsstaates, der die Gewalt allein auf das Ziel des Bestandes einer Rechtsordnung monopolisiert. Bei der Auflösung der parlamentarischen Demokratie durch die Politisierung der Bevölkerung in kommunistische und faschistische Bürgerkriegsfronten kritisierte er die militanten Intellektuellen beider Fronten. Er selbst bemühte sich, die verhängnisvolle Überbau-Theorie des Marxismus zu korrigieren und der Revolution ihre konservativen Inhalte bewußt zu machen. In gleicher Weise versuchte er nach der Machtergreifung durch die Nationalsozialisten die Bürger auf ihre humanen Traditionen zu verpflichten, ohne daß er allerdings je seine Prognose der Verbrechen des Faschismus revidiert hätte. Insgesamt wußte Benjamin, daß die Stellungnahmen und Parteinahmen in aktuellen politischen Kämpfen ein «plumpes Denken» erfordern, wie es Brecht besonders eignete[2]. Benjamin achtete dieses plumpe Denken an Brecht und versuchte sich selbst darin, aber er mußte einsehen, daß er dazu nur wenig Eignung hatte. Deshalb war eine politische Arbeit in einer proletarischen Partei unmöglich. Seine Arbeit konzentrierte sich daher auf eine Umformung des historischen Materialismus. Wenn man die Fülle theologischer Ansätze und ihre Bedeutung für die Philosophie Benjamins zur Kenntnis nimmt, ist die Frage notwendig, wieso Benjamin einen materialistischen Theorietypus entwickeln wollte. Die Kontroversen um Benjamin entstehen aus diesem Widerspruch. Aber besteht nicht die Eigenart des Materialismus von Benjamin in der Verarbeitung der theologischen Motive? Der historische Materialismus spielt bei Benjamin in einem zunächst sehr vordergründigen Sinn eine Rolle: als die Erklärung geschichtlicher Tendenzen aus den materiellen Bedingungen, insbesondere den Produktionsverhältnissen und den daraus resultierenden politischen Fronten. Materialismus ist dann zugleich das Realistische in der Geschichtsbetrachtung, durch das einseitige Interpretationen korrigiert werden. Realistisch heißt, die ökonomischen Interessen in ihrer Verstrickung mit ideologischen zu erkennen. Für Benjamin war der Begriff der Klasse, insbesondere der Begriff der bürgerlichen Klasse zum Verständnis des 18. und 19. Jahrhunderts anwendbar. Zwischen der auf sich selbst bezogenen bürgerlichen Subjektivität, ihrer Freiheit, Autonomie und Verantwortung und den sozialen und ökonomischen Revolutionen des 19. Jahrhunderts besteht der dialektische Zusammenhang, den der historische Materialismus für andere Epochen und Kulturen weniger überzeugend behauptet. Benjamin untersuchte die Bedeutung der modernen Reproduktionstechniken, die die Massenproduktion ermöglichen. Mit dieser Veränderung der Produktionsverhältnisse verlieren die Waren ihre Aura. Damit wird die Dialektik von bürgerlicher Subjektivität und gesellschaftlicher Evolution komplizierter. Nach-innen-gehen des Subjekts und soziale Wiklichkeit bedingen einander nicht mehr so glücklich, wie es für die Epoche der bürgerlichen Revolution zutraf. Damit ist zugleich der historische Materialismus nicht als souveräne Subjektivität zu denken, die mit lautem Klappern der Begriffsraster das historische Material ordnet. Das Bild der Vergangenheit droht mit jeder Gegenwart zu verschwinden, welche sich nicht als in ihm gemeint erkannte[3]. Der historische Materialismus wird mit jedem Augenblick ein anderer, in dem ihm die materielle Basis Lehren erteilt, und zugleich ist der geschichtliche Augenblick vertan, eine historische Konstruktion zu retten, in der eine Erfahrung von Vergangenem möglich war. So arbeitet die Geschichte am Vergangenen, und zum Wirklichkeitsbegriff des historischen Materialismus kann kein abstraktes «so war es» gehören, sondern die erkannte Wirklichkeit ist nichts anderes als die Geschichte ihrer Rezeption. Damit hat Benjamin die Theorie der transzendentalen Subjektivität in den historischen Materialismus eingeführt.

Mit dieser Einsicht erledigt Benjamin zugleich die barbarische Überbau-Theorie des Materialismus. Denn die Subjektivität kann es nach dieser Theorie gerade nicht geben, die das falsche Bewußtsein als falsches erkennen kann. Denn das richtige Bewußtsein müßte sich auf der Höhe der Dialektik der jeweiligen materiellen Produktion befinden. Das wäre das Selbstbewußtsein der Wirklichkeit selbst. So etwas ist aber nur in der Philosophie des Deutschen Idealismus plausibel, der Materialist müßte es denken, um sich selbst denken zu können. Benjamin erläutert das an dem «Gemütlichkeits»ideal der Bürger im 19. Jahrhundert. Dieses Ideal ist nur verständlich, wenn man annimmt, daß die Bürger davon überzeugt waren, daß die von ihnen entfesselten Produktionskräfte eine Welt zerstören können, aber nicht von ihnen selbst erfahren zu werden brauchen. Gegenüber dieser Gemütlichkeit den Standpunkt des richtigen Bewußtseins einnehmen zu wollen, kann heute ein dem damaligen adäquates falsches Bewußtsein sein. Denn sicher war die Gemütlichkeit klassenbedingt, aber sie war keine Funktion zur Selbsttäuschung über die Wirklichkeit. Warum sollte sich das Bewußtsein selbst über die Realität täuschen wollen? Als das Täuschenwollende wäre es zumin-

dest richtiges Bewußtsein. Aber eine als Täuschung intendierte Bewußtseinsänderung kann nicht gelingen. Man muß dann unterstellen, daß das Bewußtsein sich selbst täuscht, aber an die Wahrhaftigkeit seiner Vorstellungen glaubt. Dann ist es aber als Bewußtsein nicht falsch, sondern wahrhaftig und allenfalls können andere aus anderer Perspektive behaupten, daß das Bewußtsein z. B. der Gemütlichkeit nicht mit der Wirklichkeit übereinstimme. Es harmonierte aber nicht nur das bürgerliche Bewußtsein mit der Wirklichkeit, sondern auch weitgehend das proletarische. Daher sagt Benjamin, daß es bisher im dialektischen Materialismus keine zureichende Theorie des falschen Bewußtseins gebe. Dazu bedürfte es eines richtigen Bewußtseins; aber das kann es nicht geben, wenn die Überbau-Theorie richtig wäre, daß alle Fragen des menschlichen Selbstverständnisses Derivate der sozioökonomischen Bedingungen der jeweiligen Gesellschaft sind. Wenn der Materialist sich ernsthaft auf das Problem des falschen Bewußtseins einläßt, führt das zu dem Problem der Selbstreflexion, und dann philosophiert er entweder dilettantisch oder nach dem Vorbild des deutschen Idealismus. Oder er greift auf die Psychologie zurück: «Solange wenigstens die marxistische Lehre vom Überbau nicht durch die dringend erforderliche von der Entstehung des falschen Bewußtseins ergänzt ist, wird es kaum anders möglich sein, als die Frage: Wie entsteht aus den Widersprüchen einer ökonomischen Situation ein ihr unangemessenes Bewußtsein? nach dem Schema der Verdrängung zu beantworten[4].»
Benjamin korrigiert also die Erkenntnistheorie des historischen Materialismus, indem er die transzendentale Subjektivität wieder einführt. Er korrigiert die Überbau-Theorie, indem er die Theorie des falschen Bewußtseins zurückweist und den Wahrheitsbegriff wieder einführt. Ebenso korrigiert er die Kulturtheorie des historischen

Materialismus. «Oder wie der dialektische Materialismus es sagt: These und Antithese zu zeigen, ist gut, eingreifen kann aber nur, wer den Punkt erkennt, an dem die eine in die andere umschlägt, da das Positive im Negativen und das Negative im Positiven zusammenfallen. Der Aufklärer denkt in Gegensätzen. Ihm Dialektik zuzumuten, ist vielleicht unbillig. Ist es aber unbillig, dem Historiker jenen Blick in das Antlitz der Dinge zuzumuten, der Schönheit noch in der tiefsten Entstellung sieht? Verneinende Geschichtserkenntnis ist ein Widersinn[5].» Mit diesem Satz ist die Unvereinbarkeit Benjamins mit der Frankfurter Schule im Kern formuliert. Wenn die verneinende Geschichtserkenntnis ein Widersinn ist, dann muß der dialektische Materialismus seine verächtliche Kulturtheorie aufgeben, nach der die Kultur nur Verschleierung von Klassenherrschaft ist. Benjamins wichtigste Arbeit bestand in einer Aufmerksamkeit auf die geschichtliche Kultur, um den Augenblick des Rettens nicht zu versäumen.

Korrekturbedürftig ist der historische Materialismus weiterhin wegen der Faszination, den biologistisch evolutionäre Modelle und andere naturwissenschaftliche Weltanschauungen auf ihn ausüben. Der Darwinismus wurde zum Theologieersatz. So kann der Materialismus zu einem abstrakten Fortschrittsglauben werden, der in den brutalen Kategorien der Menschheitsgattung denkt und den technologischen Fortschritt mit der verwirklichten Humanität gleichsetzt. Aber technischer Fortschritt und biologische Evolution sind bereits unvereinbar. Denn die Naturwissenschaften selber stehen in einem geistigen, kulturellen Kontext und sind geschichtlich bedingt. Ganz unbrauchbar ist die naturwissenschaftliche Terminologie für die politische Strategie, auf die es aber dem historischen Materialismus ankommt. Benjamin zeigt, daß die geforderte Geschichtsphilosophie das Niveau, das durch

die Theodizee erreicht ist, nicht unterbieten darf. Der Evolutionismus, zu dem die biologischen Modelle verleiten, verkennt das destruktive Moment in der Geschichte. Für ihn sind die Untergehenden auch die Untüchtigen, denen recht geschieht. Nicht so in der Theodizee. Für sie sind Wahrheit und Vitalität keine Synonyme.
Die Begründung des historischen Materialismus muß zu dem Problem der Handlungsfähigkeit von Subjektivität in einer Situation führen, in der die dialektische Analyse Fortschritt und Barbarei die Positionen wechseln sieht. «Auch wird auf die Dauer ohne Zuversicht keine Klasse mit Erfolg politisch eingreifen können. Aber es macht einen Unterschied, ob der Optimismus der Aktionskraft der Klasse gilt oder den Verhältnissen, unter denen sie operiert[6].»
Damit hat Benjamin den sogenannten «subjektiven Faktor», von dem heute so viel die Rede ist, in der Theorie politischer Strategie berücksichtigt. Insgesamt lösten sich für ihn die theoretischen Probleme des Materialismus durch die Sprachtheorie. Besonders wichtig dafür ist seine Theorie der «reinen Sprache» und seine Analyse der Onomatopoesis. In der Sprache ist der abstrakte Gegensatz von Materialismus und Kultur immer schon faktisch aufgehoben, in dem Sinn, daß die Ungenauigkeit der Beziehung symbolisch verarbeiteter Wirklichkeit zur interpretierten Sinnlichkeit in der Sprache eine zureichende Entsprechung hat.
Materialismus meint bei Benjamin nicht nur Theorie der Geschichte, sondern enthält den Aspekt eines Materialismus der Lebensführung. Aber er hat nur wenig dazu gesagt. Er kritisiert die drastische, biologisch determinierte Sinnlichkeit und den Moralismus, in dessen Namen die bürgerliche Sexualmoral kritisiert wird[7]. Die Sinnlichkeit als symbolische Bilderwelt wäre eine Alternative, die im Anschluß an Freud den Pseudomaterialismus der ro-

hen Sinnlichkeit ersetzen könnte[8]. Seinen angemessenen Ausdruck findet nach Benjamin der Materialismus als Lebensform in der Leidenschaft des Sammlers am Besitz. Materialismus heißt die leidenschaftliche, durch den Besitz realisierte Beziehung zu den Dingen, gesteigert bis zum Fetischismus. Materialismus als Lebensform kann sich nicht durch ein spirituelles und unstetes Verhältnis zu den materiellen Dingen auszeichnen wollen.

Benjamin nannte seinen korrigierten Materialismus auch Physiognomik. Durch eine physiognomische Betrachtung der geschichtlichen Kultur sollten die Schwächen des historischen Materialismus vermieden werden. Die Physiognomik geht von einer Dialektik des Innern und des Äußern aus. Die materiellen Verhältnisse und die geschichtliche Kultur stehen nicht in einem einfachen Zuordnungsverhältnis von Realität und Ideologie zueinander. Hegel, der sich in seiner Kritik der Physiognomik ebenso wie Benjamin auf Lichtenbergs «Über Physiognomik» (erschienen 1778) bezieht, behandelt sie als die wichtigste Wissenschaft der beobachtenden Vernunft. Sie ist eine Wissenschaft, weil sie Beziehbares aufeinander bezieht: Schicksal und Charakter. Das Schicksal des Menschen und sein Charakter, der auch seine äußere Gestalt prägt, sind aufeinander beziehbar. Es ist möglich, vom Äußeren, von der Gestalt, der Physis auf den Charakter zu schließen und dann über das Schicksal Vermutungen anzustellen. Die Physiognomik kann sich auf den allgemeinen Vernunftgrund stützen, daß das Äußere der Ausdruck des Inneren sei. Aber irgendeinen strengen wissenschaftlichen Anspruch kann die Physiognomik nicht begründen. Lichtenberg hat bereits das Flüchtige der Ergebnisse der beobachtenden Vernunft hervorgehoben. Ein einziger braver Entschluß macht den komplexen Zusammenhang von Faktum und Sinn wieder auf Jahrtausende unbegreiflich. Die Ungenauigkeit der beobachtenden

Vernunft kommt daher, daß sie die erscheinende Wirklichkeit als Sichtbarwerden des Unsichtbaren nimmt. Das Sichtbare kann aber ebensowohl Gesicht als auch Maske sein. Die beobachtende Vernunft steht also in der Gefahr, die Endlosigkeit und Bodenlosigkeit ihres Wissens durch unüberprüfbare Konstruktionen verdecken zu wollen. Die Gefahr besteht darin, daß das Äußere entweder als Ausdruck des vermeinten Inneren interpretiert wird oder wenn es sich nicht fügen will, als Betrug oder Möglichkeit. Die Schwierigkeit der beobachtenden Vernunft kommt daher, daß sie die unendliche, lebendige Wirklichkeit im Ganzen beobachtet und einen Erkenntnisanspruch aufrecht erhält, insofern das äußerlich Erscheinende Ausdruck von Sinnzusammenhängen sein soll. So sagt Hegel: «Das unendliche Urteil als unendliches wäre die Vollendung des sich selbst erfassenden Lebens[9].»

Die Aufgabe der beobachtenden Vernunft steht in einem unaufhebbaren Widerspruch zu ihrer Methode der Abstraktion. Dennoch ist sie notwendig, weil auf keinem anderen als diesem widersprüchlichen Weg Kategorien gewonnen werden können. Benjamin ist sich dessen bewußt, wenn er sagt, die Physiognomik schaffe Zugang zum begnadeten Dasein und sei dem Aufklärer als einem Jakobiner auch in der Wissenschaft unzugänglich. Man müsse die Wirklichkeit nicht nur erkennen, sondern auch fühlen[10]. Hegel verweist die beobachtende Vernunft auf die vollbrachte Tat, in der die schlechte Unendlichkeit vernichtet sei. Wirklichkeit selbst ist ja das reflektierte Innere in Sprache und Arbeit. Deshalb sind Sprache und Arbeit die Wirklichkeiten, die der Physiognomiker zu erkennen habe. Hegel verweist sie auf das «Werk»; Benjamin ist darin Hegels Überlegungen gefolgt.

Adorno hat Benjamins Physiognomik aufgenommen und als Methode ausgerechnet den Positivisten anempfehlen wollen. Es müßten Darstellung und Deutung wieder zusammengefaßt werden. Von der Deutung sagt Adorno: «Sie ist die gesellschaftliche Physiognomik des Erscheinenden. Deuten heißt primär: an Zügen sozialer Gegebenheit der Totalität gewahr werden. Die Idee des «Vorgriffs» auf Totalität, die allenfalls ein sehr liberaler Positivismus zu billigen bereit wäre, reicht nicht aus: sie visiert die Totalität in Erinnerung an Kant als ein zwar unendlich Aufgegebenes und Verschobenes, aber prinzipiell durch Gegebenheiten zu Erfüllendes, ohne Rücksicht auf den qualitativen Sprung zwischen Wesen und Erscheinung in der Gesellschaft. Ihm wird Physiognomik gerechter, weil sie die Totalität, die «ist» und keine bloße Synthesis logischer Operationen darstellt, in ihrem doppelschlächtigen Verhältnis zu den Fakten zur Geltung bringt, welche sie dechiffriert. Die Fakten sind nicht identisch mit ihr, aber sie existiert nicht jenseits von den Fakten. Gesellschaftliche Erkenntnis, die nicht mit dem physiognomischen Blick anhebt, verarmt unerträglich[11].» Adorno überschreitet gerade die Grenzen, die Hegel der beobachtenden Vernunft gesetzt hat und die Benjamin beachtet hat, wenn die Physiognomik auf die unendliche Totalität der gesellschaftlichen Wirklichkeit den Blick richtet. Reich ist sie aber nur, wenn sie «Werke», d. h. Sprache und Arbeit erkennt, in denen Wirklichkeit gedeutet ist. Adornos Philosophie ist gerade nicht reich an Fakten, sondern verfängt sich in unendlicher Reflexion, um die Bedingungen der beobachtenden Vernunft zu destruieren und zugleich monoton von ihr die Erkenntnis der unendlichen Totalität zu fordern. Die Dialektik von Begriff und Wirklichkeit selber, wie Hegel sie über die Physiognomik hinausführend entwickelt, erscheint bei Adorno nur verzerrt und führt zu der These, Dialektik sei dem Streit intransingent, was die Positivsten allerdings immer schon behauptet haben. Benjamin dagegen hat sich an die Grenzen gehalten, die der beobachtenden

Vernunft gesetzt sind. Reichtum an Deutung und genaue Rücksicht aufs Detail zeichnen ihn aus. In der folgenden Untersuchung werden deshalb thematische Zusammenhänge methodologischen Problemen vorgeordnet. Insbesondere bemüht sie sich, den theologischen Motiven Benjamins den Rang zu geben, den sie für Benjamin hatten. Es handelt sich bei Benjamin um spezifisch jüdische Motive, ebenso auch um religionsphilosophische Fragestellungen, die wie der Messianismus jüdischer Herkunft sind und wie die Theodizee-Frage und die Politische Theologie des 17. Jahrhunderts spezifisch christliche Probleme aufgreifen. Den institutionalisierten Konfessionen stand er fern und verfolgte keine apologetischen, theologischen Interessen. Allein für theologische Motive entscheidend ist die Wahrheit und Wahrhaftigkeit in Problemstellung und Lösung. Eine gewisse fromme christliche Erlösungsbonhommie oder vitalistische Universalantworten des Zionismus lehnte er ab. Benjamins Bedeutung heute besteht darin, daß er der Politisierung der Wissenschaften entgegen an dem Begriff der Wahrheit festgehalten hat.

Anmerkungen

1 Klappentext der «Gesammelten Schriften, IV, 1», hrsg. von Tillmann Rexroth, Frankfurt 1972

2 Walter Benjamin: Angelus Novus, Ausgewählte Schriften 2, Frankfurt 1966, 298

3 A. a. O. 304

4 A. a. O. 426 Lienhard Wawrzyn (Walter Benjamin: Kunsttheorie –Kritik einer Rezeption, Darmstadt und Neuwied 1973) hebt richtig die Differenzen von Adorno und Benjamin hervor. Der Versuch, gegen die Kulturindustrie heute eine ‹klassenkämpferische Kunst› (47) zu stellen, hat wenig mit Benjamin und viel mit Seminarmarxismus zu tun, den Martin Puder so mutig charakterisiert hat (M. Puder: Seminarmarxismus, Neue Deutsche Hefte, Berlin 1972).

5 Benjamin: Angelus Novus, a. a. O., 449
6 A. a. O. 320
7 A. a. O. 329
8 A. a. O. 330
9 G. W. F. Hegel: Phänomenologie des Geistes, hrsg. von Johannes Hoffmeister, Hamburg, [6]1952, 254
10 Benjamin: Angelus Novus, a. a. O., 449
11 Theodor W. Adorno: Einleitung in «Der Positivismusstreit in der deutschen Soziologie», Neuwied/Berlin, [2]1970, 42

WALTER BENJAMIN UND DIE THEOLOGIE

Die Aktualität Walter Benjamins ist nicht bestritten. Es ist aber fraglich, ob die Gründe dieser Aktualität schon hinreichend geklärt und eingestanden sind[1]. Den wichtigsten neueren Beitrag zu Benjamin hat J. Habermas geleistet[2]. In dieser Würdigung schiebt Habermas eigene Positionsverschiebungen in seine Benjamin-Deutung ein. Diese verborgene Positionsverschiebung bei Habermas läßt sich in drei Thesen zusammenfassen. 1. Die unter dem Kampfwort «Emanzipation» unsere Gesellschaft transformierende Bewegung könnte bloßer Schein sein. «... aber für den Augenblick drängt sich der Verdacht auf: ob vielleicht eine glücklose und unerfüllte Emanzipation ebenso möglich sei wie der relative Wohlstand ohne Aufhebung der Repression[3]?» Habermas, selbst wohl der wichtigste Begründer der Emanzipationsbewegung, stellt nun die Frage: «Dürfen wir die Möglichkeit einer bedeutungslosen Emanzipation ausschließen[4]?» Dieser Zweifel ist bewegt durch das Bedenken, daß im Horizont des Marxismus die Aufhebung der Gestalten des absoluten Geistes (Religion, Philosophie, Kunst usw.) eine falsche Aufhebung sein könnte[5]. Diese Sorge begründet Habermas damit, daß «Sinn kein vermehrbares Gut[6]» ist und wir uns offensichtlich keine Emanzipation, die alle geschichtlichen Substanzen kulturkritisch liquidiert, leisten können. Habermas nennt diese geschichtliche Substanz – technokratisch verfremdet – mit dem Terminus «semantisches Potential[7]». 3. Aus diesen Gründen plädiert Habermas für eine Evolution, die den Sinn für die profanen Fortschritte schärft[8]. Die Theorie und Praxis des Fortschritts muß immer mehr Motive der Gegenaufklärung in sich hineinnehmen[9].

Emanzipationsbewegung contra Benjamin

Diese Positionsverschiebung bei Habermas ist, wenn man sie als ein Indiz für die ideenpolitische Gesamtsituation nimmt, ein Zeichen dafür, daß eine Phase der Wiederherstellung des Konservativismus bevorsteht. So begründet Habermas in einem solchen Zusammenhang die Aktualität Benjamins mit dessen konservativ-revolutionärer Position[10]. Konservativ ist diese Position insofern, als ihr wesentlicher Impuls die Rettung der substanziellen Inhalte der geschichtlichen Kultur über das geschichtsnihilistische Zeitalter des Posthistoire hinaus ist. Revolutionär ist die Position, weil die Substanz selbst ihrer geschichtlichen (mythischen) Umklammerung entrissen werden muß und weil darüber hinaus die Moderne selbst einer solchen Rettung prinzipiell entgegensteht. Rettung wäre erst im Kommen einer revolutionierten Gesellschaft möglich. Dann sei es Rettung für den Umsturz[11]. Diese konservativ-revolutionäre Position steht vor dem Problem, welche Praxis geeignet ist, die zu rettende Tradition in ein geschichtlich Neues umzuwandeln. Die politischen Antworten, die sich bei Benjamin finden (eine trotzkistisch-syndikalistische Variante des Marxismus), lehnt Habermas, ganz in der Tradition der Frankfurter Schule, als nicht ernst zu nehmen ab. («Den Gedanken an Revolution verbieten[12]») Nun findet man die politischen Antworten Benjamins immer in religionsphilosophischen Zusammenhängen. Auch diesen Praxiszusammenhang von Theologie und Politik kann Habermas nicht verstehen. An diesem entscheidenden Punkt bleibt er beschränkt durch die Grenzen, die Adorno hier gegen Benjamin gezogen hat. Diese Verstehensgrenzen sind vor allem wirksam, wenn Habermas die Sinn- und Weltauslegungen der Religionen differenzlos dem Mythos zuschlägt. Für ihn sind, wie für Adorno, alle Religionen Gestalten des mythischen Zeitalters, die der Aufklärung bedürfen[13]. Daraus ergibt sich das Problem der «Tilgung des Mythos[14]» oder seiner Umformung[15]. Zugleich sollen aber die Substanzen nicht vernichtet, sondern gerettet werden. Habermas sieht allerdings, daß Benjamin in diesem Stil negativer Dialektik nicht gedacht hat. Für Benjamin war nicht alle Religion dem Mythos zugerechnet, sondern Benjamin hielt fest an der Überwindung des Mythos nicht durch Aufklärung, sondern durch Religion, ja, durch göttliche Kräfte[16]. Aber Habermas kann eine solche Überzeugung nicht nachvollziehen. Für ihn ist Benjamin damit Mystiker, dessen esoterische Erfahrungen mit der Nähe Gottes nicht verallgemeinerungsfähig sind[17]. Benjamin habe aber selbst mit der Esoterik der Gotteserfahrung gebrochen. Eine nicht-esoterische religiöse Erfahrung kann Habermas sich nicht vorstellen. Er bedient sich einer sehr sonderbaren Argumentation, um die Bedeutungslosigkeit religiöser Erfahrungen zu erweisen, indem er darauf hinweist, daß die Religion bereits ironisch aufgehoben sei durch das atheistische Dasein der Massen. «Die Religion ist heute nicht einmal mehr Privatsache; aber im Atheismus der Massen sind auch die utopischen Gehalte der Überlieferung untergegangen[18].» Es ist eine der totalitären Konsequenzen der Habermasschen Kommunikationsphilosophie, daß das, was den Sprachspielen der Massen entrückt ist, unwahr wird. Nun ist aber Habermas an einer «Zufuhr» der utopischen Inhalte der Religion interessiert, damit die Emanzipation nicht in ihrer Leere und Langeweile erstickt. Hier ist er der zynischen Zustimmung Gehlens zur Religion ganz nahe, weil er die Zufuhr religiös-mythischer Energien aus funktionalen Gründen für notwendig hält. Habermas denkt sich eine Zufuhr ehemals religiöser Energien in den Leerlauf der Emanzipation so, daß die religiösen Inhalte als «semantische Potentiale» eingebracht werden, d. h. die religiöse Sprache soll mit ihren Sinnimplikationen und bedeutungsvollen grammatischen Eigenheiten (z. B. dem Übergriff auf Nicht-Verwirklichtes) die sprachlichen Möglichkeiten emanzipierten Sprechens erweitern. Benjamin ist für Habermas der beispielhafte Fall des Gelingens eines solchen Transfers religiös-mythischer Energien in materialistische Konzepte. Die Frage, ob ein solcher Transfer auch gelingen kann, wenn nicht an die Wahrheit religiös-mythischer Substanz geglaubt wird, stellt Habermas nicht, obwohl doch hier eine Schranke des zynischen Funktionalismus vorliegen könnte. Benjamin jedenfalls, das gesteht Habermas ein, hat nicht zynisch-funktionalistisch das Religiöse umfunktioniert. Daher setzt hier die Kritik ein. Benjamin sei wegen seines Festhaltens an der Theologie gescheitert. Er sei niemals bereit gewesen, das theologische Erbe preiszugeben, es dem Marxismus zu opfern[19].

Dialektischer Materialismus und religiöse Erfahrung

Benjamin habe zwar, dank der Theologie, eine Theorie und auch Methode der Erfahrung entwickelt, die dem Stumpfsinn eines banalen dialektischen Materialismus unvergleichlich sei. Aber er sei daran gescheitert, daß er diese Erfahrung nicht so in den dialektischen Materialismus habe einbauen können, daß die ungelösten Probleme des dialektischen Materialismus (Praxis, Revolution, Subjektivität) gelöst werden könnten[20]. Habermas forderte hier die Lösung des Problems, an dem Benjamin gescheitert sei: die Einführung theologisch geschärfter Erfahrung in den dialektischen Materialismus, ohne daß die Grundannahmen des dialektischen Materialismus aufgegeben werden müssen. Habermas bleibt bei dem Konzept der Aufhebung der Religion, aber es wird durch ihn nun die unüberwindbare Differenz zwischen Benjamin und der nach wie vor konsistenten Theorie der Frankfurter Schule nicht mehr geleugnet. Ist die Religion aufzuheben als Sprachmaterial für den dialektischen Materialismus?

Einen Versuch, die leere Reflexion negativer Dialektik mit Hilfe der theologischen Dimension bei Benjamin zu überwinden, macht H. Schweppenhäuser. Die Gründe für eine Einbeziehung Benjamins in Adornosche Sentenzen, wie sie Schweppenhäuser als ein Getreuer produziert, ist zunächst die unendliche Selbstreflexion der Subjektivität[21]. Die sich selbst unendlich reflektierende Subjektivität hat ohne Erfahrung keinen Inhalt. Benjamin aber ist Theoretiker, vielleicht Lehrer einer Erfahrung, die als profane Erleuchtung durch die Schule des Rausches, der Versenkung zu gehen hat. Benjamin hat den nüchternen Rausch der religiösen Erfahrung dem stimulierten des Surrealismus und des Haschisch vorgezogen. Ein weiteres Problem, daß der theologischen Gestimmtheit Benjamins korrespondiert, ist für Schweppenhäuser die moderne, technologisch produzierte Realität selber. Es ist unter den Bedingungen «technologischer Zivilisation» sozusagen eine «zweite Natur» entstanden. Diese «zweite Natur» ist aber dort «dämonisch-ambiguitäre», wo die erste Natur mythisch war[22]. Will man unsere Realität erkennen und nimmt man sie nicht vordergründig und falsch als rationalen Zweck-Mittel-Zusammenhang, dann muß man sie «enträtseln». Dafür ist ein Erkenntnisvermögen jenseits der Subjekt-Objekt-Spaltung erforderlich[23]. Dieser

Bereich ist zumindest der Herkunft nach der Bereich der Theologie. Schweppenhäuser zeigt, daß Benjamin an einer Vermittlung von Theologie und Marxismus arbeitete, nicht weil er gern spekulierte, sondern weil die spezifisch moderne Realität nur erfahren werden kann, wenn eine solche Vermittlung vollzogen wird[24]. Nun behauptet auch Schweppenhäuser, daß Benjamin an dieser Vermittlung gescheitert sei[25]. Benjamin beziehe gewissermaßen naiv die theologische Sprache auf die Realität und zwinge ihr Bedeutung ab.

Unter dem Inkognito der Kunst

Es ist daher verwunderlich, daß entgegen der Ablehnung der theologischen Dimension Benjamins dennoch seine Aktualität geradezu eine Integration aller Gruppierungen der Linken erlaubt. Es konnte bisher die Frage nach der Bedeutung der Theologie für Benjamin so leicht verdrängt werden, weil sich in einem Dritten Religion und Materialismus so produktiv verbinden, in der Kunst. Habermas spricht von der «Sonderstellung, die die Kunst unter den Gestalten des absoluten Geistes ... einnimmt[26].» Um zu verstehen, wie unter dem Inkognito der Kunst auch für orthodoxe Marxisten die Theologie tolerabel ist, muß auf die Theorie dieses Zusammenhangs von Religion und Kunst bei Günther Rohrmoser Bezug genommen werden. «Der in der ästhetischen Reflexion entwickelte Anspruch auf eine Versöhnung der Welt hat den christlichen offensichtlich überdauert[27].» Das Fortdauern religiöser, gedeuteter Erfahrungen unter dem Inkognito der Kunst wird von Rohrmoser nachgewiesen. In der Kunst überdauert – und sei es in der Emphase der Leugnung – die Beziehung zur «Wahrheit»[28]. Ebenso bleiben andere theologische Inhalte durch die Kunst erhalten:

Die paradoxe Selbsterzeugung einer schöpferischen Subjektivität, die Fähigkeit, quer zum Weltlauf zu stehen, der Widerstand gegen den totalen Funktionalismus, die Abwendung von der Gesellschaft, die sich selbst mit dem Absoluten verwechselt, die Möglichkeit einer nicht-verrückten unmittelbaren Erfahrung; das gilt ebenso für die Inhalte, die in theologischer Sprache als Glück, Versöhnung, Erlösung, Hoffnung, Vergebung, Gemüt, Gewissen, Verantwortung, Seligkeit, Schuld, Versuchung, Einheit, das Ganze, Geschichte, Natur – ausgesprochen wurden.

Die Umsetzung des gedeuteten Religiösen in die Kunst führt zu einem zweideutigen Ergebnis. Positiv ist festzustellen, daß unter dem Inkognito der Kunst die Inhalte der geschichtlichen Kultur überdauern. Rohrmoser weist nach, daß die Klassiker des Marxismus von der Kunst diese Leistung erwartet haben. Sie waren nicht bereit, die ideologiekritische Destruktion auch gegen die Kunst zu richten. Sondern in der Kunst sollten die Inhalte der bürgerlichen Kultur, ja die Humanität einer Sklavenhaltergesellschaft, für ein nachbürgerliches, nachmodernes Zeitalter gerettet werden. Die Kunst sollte im Troß der Revolution mitgeführt werden. Auch das Bild des befreiten, menschlichen Menschen war ohne die ästhetisch vermittelte Humanität nicht denkbar. Walter Benjamins Bedeutung für den Marxismus besteht in seiner Leistung, in genuiner Tradition der Inkonsequenz von Marx selber, durch die Kunst die revolutionierte Gesellschaft mit ihrer Geschichte zu verbinden.

Aber kann eine solche Überführung der geschichtlichen Substanzen in Kunst gelingen? Rohrmoser zeigt an Brechts Galilei, daß ein Festhalten an dem bürgerlichen, wissenschaftlich-technischen Fortschritt eben doch zu einem Widerspruch zu den marxistischen Voraussetzungen führt. Daß schlechte Kunst dabei entsteht, ließe sich leicht verschmerzen. Aber die dahinterstehende Frage ist, ob nicht bei der ästhetisierenden Rückbeziehung auf die metaphysisch-religiösen Substanzen die Kunst zu einem die Wirklichkeit verstellenden Wahn wird. Benjamin hat sich dieser Frage gestellt. In seiner Theorie der Fotografie, des Films, der Architektur und vor allem des Surrealismus hat er entschieden geleugnet, daß die Kunst diese Rolle einer profanen Erleuchtung der Wirklichkeit übernehmen kann. In der bisherigen Rezeption dieser Sätze Benjamins wird unvollständig zitiert[29]. Es heißt bei Benjamin: «Die wahre, schöpferische Überwindung religiöser Erleuchtung aber liegt nun wahrhaftig nicht bei den Rauschgiften. Sie liegt in einer profanen Erleuchtung einer materialistischen anthropologischen Inspiration, zu der Haschisch, Opium oder was immer sonst die Vorschule abgeben können. (Aber eine gefährliche. Und die der Religionen ist strenger[30].»)

Bisher ist die in Klammern gesetzte Bemerkung Benjamins nicht hinreichend berücksichtigt worden. Man hat dann als Benjamins These ausgegeben, seine Voraussetzung sei der Wille zur Überwindung der religiösen Erfahrung, sein Ziel sei die profan-materialistische Erfahrung, der Weg dazu seien die Rauschgifte. Benjamin plädiert aber für die Strenge der religiösen Erfahrung. Er hat die Gefahr einer Übersetzung traditional rituell gebundener Formen in die Kunst gesehen und den Faschismus als die Konsequenz der Ästhetisierung der traditionalen Substanzen verstanden. Es ist richtig, daß eine Kultur nur lebendig ist, wenn es gelingt, substanziellen Inhalten durch den Kultus eine ästhetische Gestalt zu geben. Aber die Ästhetisierung muß der Strenge profaner Sinngebung untergeordnet bleiben. Deshalb findet sich bei Benjamin die Übersetzung von religiösen Inhalten in ästhetische nur im Zusammenhang der theologischen Rechtfertigung der Inhalte selbst. Hierin ist Benjamin vom jungen Nietzsche geschieden, der den Wahn der Kunst als Stimulans zur Weiterführung des Lebens gerechtfertigt hat. «Wenn es keine Wahrheit mehr gibt, an der dieses Bild (des Ganzen) gemessen werden kann, dann wird die Kunst zur Verklärung des Wahns, der allein das an seiner Erschöpfung leidende Leben zu heilen vermag. Indem aber die Kunst der Bedürftigkeit entsprechen muß, die durch den Nihilismus erzeugt wurde, wird der Ersatz von Methaphysik und Religion durch die Kunst zur Affirmation der Lüge des Scheins, der Nietzsche ihr gutes Gewissen gibt, da er die Realität zum Schein ihrer selbst erklärt[31].»

Das Theodizee-Motiv

Rohrmoser entwickelt exemplarisch an Platons Kritik der Dichtertheologen die Argumente gegen die Umsetzung von religiös-metaphysischem Weltverständnis in Kunst. Die Verbannung der Kunst aus der Praxis einer sittlichen politischen Ordnung ist notwendig, solange sich Praxis von Vernunft leiten läßt. Kunst kann dann allenfalls Mimesis, nachahmende Darstellung sittlicher Praxis sein. In diesem Sinn ist auch Benjamin Platoniker, als er in den grundlegenden Bemerkungen im Trauerspielbuch das Schöne an der Idee des Guten orientierte. In striktem Gegenzug gegen die Inanspruchnahme Benjamins für Ästhetik und Literaturtheorie muß daran festgehalten werden, daß Benjamin in der Tradition von Platons und Hegels letztlich theologisch begründeter Kritik der Kunst steht. Im Trauerspielbuch faßt er Natur- und Religionsphilosophie im Problem der Subjektivität zusammen. Seine Naturphilosophie und ihre Trauer als der Weg des Menschen auf der Bahn im Gegenstand selbst ist ihrer Abhängigkeit von der Subjektivität geständig. Die gefallene Kreatur ist die durch Subjektivität verwandelte. «Als Wissen führt der Trieb in den leeren Abgrund des Bösen hinab, um dort der Unendlichkeit sich zu versichern[32].» Der unendliche Trieb des Menschen, er selbst zu sein, ist böse. Im Bösen konvergieren Natur und Geschichte im Subjekt. Das Böse ist nicht die Naturverfallenheit des Menschen, es ist auch nicht seine gesellschaftliche Verstrickung, sondern es ist die Subjektivität des Subjekts selber. «Die ungeheure widerkünstliche Subjektivität in dem Barock schießt hier zusammen mit der theologischen Essenz des Subjektiven. Die Bibel führt das Böse unter dem Begriff des Wissens ein[33].» Die Praxis der Menschen zieht die Natur in die Geschichte des Bösen hinein.

«Und während mit dem irdischen Gericht sich tief die schwanke Subjektivität des Urteils mit Strafen in der Wirklichkeit verankert, kommt in dem himmlischen der Schein des Bösen ganz zu seinem Recht. Dort kommt die eingestandene Subjektivität zu dem Triumphe über jede trügerische Objektivität des Rechts und führt als ‹Werk der höchsten Weisheit und der ersten Liebe›, als Hölle, der göttlichen Allmacht sich ein. Sie ist nicht Schein, ebensowenig aber gesättigtes Sein, sondern die wirkliche Spiegelung der leeren Subjektivität im Guten. Im schlechthin Bösen greift die Subjektivität ihr Wirkliches und sieht es als die bloße Spiegelung ihrer selbst in Gott[34].» Die in diesen Sätzen vorausgesetzte Theodizee überbietet Benjamin durch den Gedanken des Gerichts, der noch über Theodizee hinausweist. Für ihn ist die menschliche Autonomie, die säkularisierte Humanität als das Gericht der Menschen über Menschen die Hölle. Es ist die Verwirklichung des Bösen, das nur in Gott gespiegelt und gerichtet werden kann. Nur eine religiöse, nicht eine «atheistische» humane Befreiung ist möglich. Das «himmlische Gericht» gibt der leeren Subjektivität ihren Inhalt: das Gute.

Mythos und Naturverfallenheit

Es ist anerkannt, daß das Trauerspielbuch für Benjamin grundlegend war und geblieben ist. Von einer Transformation des Religiösen ins Ästhetische kann keine Rede sein. Die Intention ist genau entgegengesetzt: die Kunst wird in der religiösen Signatur des Zeitalters festgemacht: hier in der politischen Ethik der Reformation[35]. Das Mißverständnis, daß Benjamin das Theologische als Sprachmaterial zur Deutung der Kulturgeschichte verwandt habe, ist im Blick auf das Trauerspielbuch leicht aufzudecken. Schwieriger ist die Aufklärung des Grundkonflikts zwischen Benjamin und der Frankfurter Schule über das Verhältnis von Mythos und Aufklärung. Vereinfacht kann man sagen, daß für den kulturkritischen Neomarxismus alle bisherigen Weltauslegungen dem Zeitalter des Mythos zuzurechnen sind. Darin stimmen der an den Wissenschaften orientierte sogenannte Rationalismus und die kritische Theorie überein, wobei sie sich wechselseitig ebenfalls noch dem Mythos zurechnen. Innerhalb der Linken geht der Streit zwischen den Marxologen, Marxianern, Marxisten und Neomarxisten darum, wieweit auch das Denken von Marx noch dem Mythos verhaftet ist. Für Adorno zumindest ist auch Marx noch ein Denker unter mythischem Bann, weil er noch am Konzept einer Universalgeschiche der Menschheit orientiert war. Nun geht die Fragestellung, inwieweit die Moderne dem Mythos verhaftet ist, auf Benjamin selber zurück. Benjamin hat eine religionsgeschichtliche Theorie der Moderne entwickelt, in der er politische und ideologische Realitäten mit Kategorien des Mythos interpretiert hat. Er geht aus von dem «Programm der kommenden Philosophie», in dem er neue, metaphysische Erfahrung fordert. Diese neue Erfahrung soll die Wirklichkeit als konkrete Totalität durchdringen. Benjamin erkannte, daß die Auslegung der Wirklichkeit im Ganzen als «konkrete Totalität» die eigentümliche Leistung des Mythos war. Wenn die Erkenntnis nicht resignieren will oder sich in den Abstraktionen methodisch-restringierter Wissenschaft beschränken will, dann stellt sie sich die Aufgabe, das Ganze konkret zu erfahren und bewegt sich dann im Horizont dessen, was bisher der Mythos leistete.

Benjamin bemühte sich zunächst darum, ob es einen Begriff der «Kritik» geben kann, der in der Gestalt einer Kritik des Mythos auch die Leistung des Kritisierten übernehmen kann. Dann wandte er sich der Frage zu, wie die Natur in der modernen technologischen Herrschaft über die Natur überdauert. Er entdeckte das, was man seither die «unüberwundene Natur» nennt. Die Natur ist wohl durch rationale Herrschaft überformt, aber sie bleibt eine übermenschliche Macht. Daher interpretiert Benjamin die unerkennbarer gewordene Herrschaft der Naturgewalten über den Menschen mit dem wichtigsten Begriff des Mythos: mit dem Begriff des Schicksals. Der Mensch ist stärker denn je den Naturmächten des Schicksals ausgeliefert. Die Aufklärung und das Christentum haben nach Benjamin die Macht des Schicksals indirekter und damit wirksamer werden lassen, weil durch die Autonomie des Menschen, durch seine Subjektivität, sein Person-sein sich der Charakter des Menschen als neue Qualität eines unvordenklichen Schicksals ausgebildet hat. Benjamin führt seine Theorie vom unüberwundenen Mythos weiter, indem er neben den Naturgewalten, die den Menschen als Schicksal bestimmen, die Geschichte von Staat und Gesellschaft interpretiert als neue Qualitäten mythischer Einbindung des Menschen in konkrete Totalität. Benjamin sieht, daß die Gewalt, mit der die Gesellschaft durch Normen und Rechtsordnungen über die Menschen herrscht, nur verstanden werden kann als Manifestation mythisch göttlicher Gewalten[36].

Damit ist in der Moderne der Einzelne in einen universalen Bedeutungszusammenhang eingelassen, der in halb gedeuteten, halb rätselhaften Zeichen zu ihm spricht.

Benjamin spricht nun in dieser Phase seines Denkens und bis zu den letzten hinterlassenen Fragmenten mit aller Radikalität aus, daß eine Selbstbefreiung des Menschen oder der menschlichen Gattung unmöglich ist, weil die praktisch werdende Aufklärung entweder die Gesellschaft als neue mythische konkrete Totalität errichtet oder durch die Individualisierung des Schicksals und die Vereinzelung des Menschen seinen «Charakter» als Ausdruck mythischer Bestimmtheit ausprägt. Hier liegt der geistige Ursprung der Verzweiflung der negativen Dialektik des Neomarxismus, daß keine Praxis der Überwindung des Mythos möglich ist. Benjamin dagegen hat aus der Radikalität der Leugnung rettender Praxis einen radikalen Schluß gezogen: nur die Manifestation göttlicher Gewalten als reine Gewalt kann von der Herrschaft des Mythos befreien. Benjamin hat dieser Überzeugung zu verschiedenen Zeiten unterschiedliche konkrete Gestalt gegeben. Er hat im Anschluß an Goethes Wahlverwandtschaften die natürliche Unschuld der Heiligen als einen christlichen Ausdruck der Lösung von dämonisch-mythischen Mächten von Natur und Gesellschaft verstanden. Er hat Sorels Mythos vom Generalstreik als spontane Erhebung der Massen mit seiner Theorie der Manifestation reiner göttlicher Gewalt verbunden. Er hat angesichts des Sieges des Faschismus auf die kommunistische Revolution gesetzt. Vor allem aber hat er in einem großartigen Werk, dem «Ursprung des deutschen Trauerspiels», wie es doppelsinnig heißt, den Versuch gemacht, die Reformation als eine politische Ethik zu verstehen, die der Geschichte eine neue Qualität gegeben hat.

Die ständig wiederholte These von Gershom Scholem,

daß Benjamin allein jüdischer Theologie verhaftet sei und daß christliche Ideen niemals Anziehungskraft auf ihn ausgeübt hätten,[37] ist falsch, wenngleich Scholems Interpretation der jüdischen Elemente in Benjamins Theologie eindrucksvoll sind. Scholems Interpretationen sind richtig, weil sie Benjamin einer jüdischen Religionsphilosophie zuordnen, die selber durch die Geschichte des Christentums verwandelt ist. Es ist richtig, daß Benjamin eine originelle Theorie eines politischen Messianismus entwickelt hat. Aber die Kabbala ist ja, wenn man auch jüdische Wurzeln finden kann, eine Umdeutung des Messianismus unter dem Eindruck der Christologie, wie z. B. die Beziehung von Molitor, der hier für Benjamin wichtig war, zu Schelling zeigt[38]. Christologie und Messianismus ist ein entscheidendes Thema der Religionsphilosophie des 20. Jahrhunderts unter dem Eindruck der Herrschaft des Fortschritts in der Gestalt der bürgerlichen Gesellschaft und der Verheißung der Endzeit in marxistischer Praxis[93].

Das Regiment der Bilder über Vernunft und Phantasie

Es gibt aber über die politischen Konsequenzen der Herrschaft des Mythos und der religiös-politischen Praxis der Überwindung des Mythos noch einen eigentümlichen Bereich, von dem nun die Rede sein soll. Es geht darum, ob die Vernunft aus eigener Kraft etwas gegen die Herrschaft des Mythos vermag. Der Mythos herrscht auch über die Vernunft, und zwar herrscht er, indem er die Vernunft in dialektische Bilder bannt. Benjamin verbindet seine Theorie mit einer Analyse der modernen Medien (Fotografie, Film), die ein geradezu totalitäres Regiment der Bilder über die Vernunft und Phantasie verhängen. Mit diesem Regiment der Bilder über das Bewußtsein der Massen ist eine Veränderung der menschlichen Wahrnehmung von Realität überhaupt verbunden. Benjamin analysiert in viel beachteten Studien diese Veränderung der Wahrnehmung von Realität und die realen sozialgeschichtlichen Voraussetzungen und Konsequenzen dieser veränderten Erfahrung des kollektiven Bewußtseins der Massen. Mit der Herrschaft der Bilder über das kollektive Bewußtsein setzt sich eine Surrealität an die Stelle unmittelbarer Realitätserfahrung.

Für die Religionsphilosophie bedeutet die Herrschaft der Bilder, daß die von der Reformation endgültig durchgesetzte, zum Christentum von Anfang an gehörige Unterscheidung des Profanen vom Religiösen wieder verlorengeht. Denn in der Surrealität des kollektiven Bildraums, durchdringen sich nach Benjamin die leiblichen Innervationen des Einzelnen und des Kollektivs ununterscheidbar. Das Marxsche Diktum, daß der Einzelne in den kollektiven Leib der Gattung aufgehoben werden soll, sieht Benjamin auf sonderbare Weise im 20. Jahrhundert surrealistisch verwirklicht[40]. Der Faschismus war für ihn die erste Gestalt der Verwirklichung der neuen kollektivistischen Surrealität, in dem sich profane und religiöse Energien ununterscheidbar durchdringen. Benjamins Trauerspielbuch versuchte noch, der neuen Totalität die reformatorische Auflösung theokratischer Herrschaft entgegenzuhalten. Es kann daher nicht bestritten werden, daß Benjamin die eigentlich wirksamen Formationen des Zeitalters religionsphilosophisch zu verstehen gesucht hat. Denn er setzt der neuen Totalität des Religiösen die heilige Nüchternheit, die ihm an Hölderlin als christliche aufgegangen war, entgegen. Die profane Erleuchtung, die Idee des Glücks im Profanen ist eben nicht, wie fälschlich unterstellt wird, atheistisch möglich,[41] sondern die Profanität ist in der Geschichte bisher nur durch die christliche Religion durchgesetzt worden, und zwar durch die Trennung des Religiösen vom Profanen, durch die Trennung des kollektiven Leibs und des Rauschs, der im Kultus diszipliniert ist, vom Bereich der Sachen und ihrer rationalen Organisation.

Benjamin hat eine tief in die christlich-jüdische Religion dringende Anstrengung gemacht, dieser neuen Kollektivität des Bildraums eine befreiende Erkenntnis entgegenzusetzen. Er versteht die Namensverweigerung Gottes als die Voraussetzung einer Befreiung des Bewußtseins von den dialektischen Bildern. Das ist nur verständlich, wenn man seine Sprachphilosophie berücksichtigt. Denn die Realität verbindet sich mit den Erfahrungen des Menschen durch die Namen der Dinge. Hier sah Benjamin die menschliche Vernunft quasi-magischen Gewalten ausgeliefert, die sich durch die Bindung der Namen an die Dinge des Bewußtseins bemächtigen. Die Namen, also die Sprachen wurden von ihm nicht als rationaler Verständigungsapparat angesehen, sondern als das Gefängnis des Bewußtseins im Reich der Ähnlichkeiten. Das Bewußtsein ist fixiert an kollektive und individuelle Erlebnisse, die bei der Nennung des Namens das Bewußtsein lenken. Allein eine Religion, in der das Höchste den Namen verweigert, löst die Magie der Sprache, die Benjamin in seiner Sprachsoziologie mit dem Begriff Onomatopoesis begriffen hat. Auch hier befreit von den falschen Gewalten des Religiösen nicht etwa die Aufklärung, sondern die religiösen Gewalten können nach Benjamin nur selber durch religiöse Energien und Erkenntnis gebannt werden. Schweppenhäuser hat diesen Zusammenhang erkannt und subtil dargestellt. Seine Kenntnis auch der unveröffentlichten Manuskripte verbietet es ihm, weiterhin Benjamins theologische, ja spekulative Überlegungen zu unterschlagen[42].

Auch Habermas unterstützt diese These, indem er klarmacht, daß Benjamins Deutung der Bilder, die das Bewußtsein konfigurieren, nicht in ideologiekritischer Absicht vorgetragen wird. Habermas macht auf den tiefgreifenden Unterschied aufmerksam, der zwischen neomarxistischer Ideologiekritik und Benjamins Kritik besteht. Benjamin setzte eben nicht voraus, daß man durch Aufklärung das mythisch gefesselte Bewußtsein befreien könne, indem man die bewußtseinsprägenden Bilder ideologiekritisch als die Funktion von ganz etwas anderem, von Herrschaft interpretiert. Ausdruck und Bedeutung kann man eben nicht so leicht trennen, wie es die Ideologiekritik gern suggeriert[43]. Wenn aber Ausdruck und Bedeutung tief ineinander eingelassen, wenn ihre Verschränkung zwar dargestellt, aber nicht gelöst werden kann, befindet man sich wieder inmitten jenes Erfahrungskontinuums der Religion.

Magie der Wirklichkeit

Ein weiterer wichtiger Aspekt ist Benjamins Deutung der modernen technologisch produzierten Realität. Diese Realität wird von Kollektiven produziert. Daß die Dinge und ihre Konstruktion für einen bestimmten Zweck optimal funktionieren sollen, ist, so scheint es oberflächlich, das Prinzip, demgemäß produziert wird. Aber in der Verfremdung dieser funktional geordneten Realität durch Kinder, Geisteskranke und Primitive wird erkennbar, daß hier ein kollektives Unbewußtes am Werk ist. Auch hier erkennt Benjamin, daß bei der Massenproduktion industrieller Güter und bei ihrer Repräsentation, ihrem Arrangement, durch das tendenziell die Welt im Ganzen zum Warenhaus wird, magische und fetischistische Naturmächte im Spiel sind. Im Film (und Fernsehen) konfrontieren sich die Massen eigentümlich zerstreut mit ihrer Massenform. Es ist eine neue Magie und auch Dämonie der Wirklichkeit im Spiel, wenn die Kamera durch die Realität flaniert und die Wirklichkeit im Ganzen zum Interieur der Seele der Massen verwandelt. Diese Wiederkehr magisch-mythischer Religion unter dem Anschein funktionaler und rationaler Produktion zwingt nach Benjamin den Materialismus, wenn er überhaupt noch menschlich geprägte Realität erkennen will, sich von einer theologischen Erfahrung der Wirklichkeit in den Dienst nehmen zu lassen[44]. Eine neue Anstrengung der Theologie gegenüber der Realität einer technologischen Gesellschaft in der Erkenntnis dieser Realität wird von Benjamin gefordert. Diese Anstrengung ist mit jener Befreiung zu vergleichen, die die jüdisch-christliche Religion schon einmal gegenüber der magisch, mythisch und fetischistisch regulierten Erfahrung durchzusetzen begonnen hatte.

Benjamin weist in Richtung einer neuen Praxis der Erfahrung, die er auch die «Versenkung» nennt. Er zeigt, daß ein «Kommentar» der Realität möglich ist, ohne daß platte Erklärungen sich hybrid an die Stelle des zu Erkennenden setzen. Vor allem wird es eine Frage der Lebensform sein, wie sich Menschen der kollektiv produzierten Realität zuordnen. Es ist im Grunde genommen das alte Problem der Ausbildung eines Kultus, als eines freien und geregelten Umgangs mit den Gütern, nun nicht mehr der Natur, sondern der industriellen Produktion als zweiter Natur. Benjamin spricht hier vom «Ausdruckslosen» als eines kultischen Gehalts; durch das Ausdruckslose kann das Unterworfensein des Menschen unter den Warenfetischismus in ein freies Verhältnis überführt werden. Es bleibt eben auch unter den Bedingungen der technologischen Zivilisation die entscheidende Voraussetzung der Freiheit, daß sich das menschliche Bewußtsein auf etwas beziehen kann, das es nicht selbst

produziert hat, ohne daß es gezwungen ist, das Nichteigene als übermächtiges Schicksal anzubeten.
Religion ist für Benjamin eben nicht Mythos, d. h. eine die Menschen entfremdende und durch den falschen Schein einer illusionären Aufhebung die Entfremdung fixierende Macht. Es kann die Leistung der Religion sein, den Menschen vom Bann falscher Religion zu befreien. Benjamin hat nun keine Systematik der Kriterien aufgestellt, nach denen falsche Religion von befreiender unterschieden werden kann. Diese Unterscheidung bleibt vorausgesetzt. Scholems Interpretation Benjamins als negative Theologie[45] ist insofern richtig, als Benjamin die Notwendigkeit von Theologie fast immer ex negativo induziert hat. Theologisches Denken wird uns aufgezwungen durch den Zustand der modernen Gesellschaft, die durch die Wiederkehr archaischer Gestalten religiöser Befangenheit des individuellen und kollektiven Bewußtseins bestimmt ist. Theologie wird uns aufgezwungen durch die Naturverfallenheit des Menschen. Diese Naturverfallenheit ist durch die technologische Beherrschung der Natur nicht überwunden. Auf den Straßen der Großstadt, so heißt es bei Benjamin, fühlen wir uns schutzlos den Naturgewalten ausgeliefert. Theologie wird uns aufgezwungen durch die Veränderung des Vermögens, Realität zu erkennen. Die moderne Kunst (die nach Benjamin nicht im Sinne der Trennungen bürgerlichen Denkens ästhetische Kunst ist, sondern Kunstprodukt und Realität werden durch die industrielle Massenproduktion identisch) erzeugt so ein realistisches kollektives Bewußtsein, das durch das Flanieren von Bildern von eigenen unmittelbaren Erfahrungen abgeschirmt wird und die Fähigkeit verliert, auf das Gedächtnis einzuwirken. Theologie in einem strengeren Sinn ist notwendig, um die Dämonie der Sprache (durch die Namensverweigerung des Höchsten) zu brechen und um die Verschränkung

von Ausdruck und Bedeutung (durch das Ausdruckslose) auszudrücken.

Alle diese Übergangskonstellationen von Sozialphilosophie und Theologie sind erzwungen durch die zu erkennende Realität. Sie sind nur insoweit selber theologisch motiviert, als sie an Befreiung orientiert sind, wobei der Weg der Religion als Weg der Befreiung interpretiert wird. Holz konnte also bisher recht haben, wenn er Benjamins Interesse an Theologie begründet mit der Evidenz, mit der eine Geschichte der Kultur auch an ihrem Ende dem Denken ihre Fragemöglichkeit und Inhalte aufzwingt.

Aber es gibt bei Benjamin auch affirmative Züge der Zuwendung zur Theologie. In der ersten Phase seines Denkens fordert er eine «metaphysische Lebensform» und die Theologie als die Vernunft dieser Lebensform[46]. Diese Fragestellung bleibt wirksam in Benjamins Orientierung am Theodizee-Motiv, das er im «Ursprung des deutschen Trauerspiels» als das eigentliche Thema einer nachreformatorischen Geschichte erkennt. Aber als das Motiv der Rechtfertigung bleibt es das wichtigste Thema, auch seines persönlichen Lebens[47]. Mit der Rechtfertigung eng zusammenhängend steht im Mittelpunkt seines Denkens das eschatologische Motiv, wie man heute sagen würde: die Versöhnung oder Erlösung im Gedanken des Reichs. Der Erlösungsgedanke hat einen politischen Aspekt: die Zukunft eines Reichs reiner Gewalt, die als göttliche Gewalt über die Zweck-Mittel-Rationalität hinausgeht[48]. Benjamin verbindet den Gedanken mit dem trotzkistischen Gedanken der Weltrevolution. Der Erlösungsgedanke hat ebenso einen Aspekt für das Glück des Einzelnen. Hier bestehen Zusammenhänge zwischen der Gestalt der Heiligen (Ottilie in Goethes Wahlverwandtschaften), ihrer unschuldigen Verschuldung, der Sühne und Erlösung, ihrem pflanzenhaften Dasein – und Benjamins

Identifikation mit dem Engel der Geschichte (ein Bild von Klee: Angelus novus) wo bei Benjamin subtilste Bewegungen der Ich-findung des Menschen und naive religiös-okkultische Vorstellungen ineinander übergehen[49].
Erlösung ist auch der Impuls für ein Lebensthema Benjamins: die Kindheit. Benjamin hat Kindlichkeit als Lebensform religiös verstanden. Hier finden sich christliche Parallelen von der Unschuld der Kinder und ihrer Nähe zum Erlöser.

Das Motiv der Erlösung ist in Benjamins Werken unmittelbar greifbar mit dem Begriff des Messianismus. Auch hier durchdringen sich Christliches und Jüdisches, denn der Messias ist nicht nur Erlöser, sondern Überwinder des Antichrist[50]. Der Messias ist nicht zukünftiger Erlöser, sondern im augenblickshaften Durchbruch in Aktualität wird ein christliches Motiv die Erlösung hier und jetzt in den Messianismus hineingenommen. Der Messias tritt durch die Pforte des Augenblicks. Ebenso ist Benjamin jüdischer und christlicher Theologie gleich nah, wenn der die Erlösung als profane versteht. Eine spiritistische Verfälschung des Christentums darf hier nicht den Blick verstellen. Das Profane des Erlösungsgedankens liegt für Benjamin darin, daß er es an der Idee des Glücks orientiert.

Dennoch ist es verständlich, daß sich die Benjamin-Rezeption einer Vereinnahmung durch «die Theologie» widersetzt. Benjamin war von «der Theologie» weit entfernt. Er hätte von ihr eine unerhörte Anstrengung der Erkenntnis verlangt und sie wohl gar an ihrer Aufgabe und ihrer Verantwortung für die religiöse Signatur des Zeitalters gemessen. Sein Denken ist eher eine Gratwanderung zwischen den Schulmeistern des dialektischen Materialismus und den «wissenschaftlichen» Theologen und ihren Errata. Er partizipiert an der Notwendigkeit, mit der Philosophie die Sache der Theologen zu ihrer eigenen machen muß. Religiöses suchte er an den Orten äußerster Gefährdung, sei es als Rausch, als Wahnsinn, als Unschuld, als Erkenntnis. Die Aktualität ist jedenfalls durch Klassenkampf und Ideologiekritik nicht ausgeschöpft.

Anmerkungen

1 Unter dem Titel «Die Aktualität Walter Benjamins» (Frankfurt, 1972) ist eine Zusammenstellung von Interpretationen dieser Aktualität erschienen. Es handelt sich dabei um eine Fortsetzung der Kontroverse zwischen der sogenannten Frankfurter Schule (vgl. hierzu Günter Rohrmoser: Das Elend der kritischen Theorie, Freiburg, ^{3}1972) und G. Scholem um die Bedeutung der Theologie und ihr Verhältnis zum dialektischen Materialismus bei Benjamin. Ebenso ist durch das Erscheinen der ersten Bände der kritischen Ausgabe Benjamins eine solche Kontroverse auf einen gesicherten Boden auch ihrer Beurteilung gestellt.
2 A. a. O. 175–223
3 A. a. O. 217
4 A. a. O. 219
5 A. a. O. 194
6 A. a. O. 201
7 A. a. O. 202
8 A. a. O. 219
9 A. a. O. 216
10 A. a. O. 205
11 A. a. O. 220
12 A. a. O.
13 A. a. O. 202
14 A. a. O. 196
15 A. a. O. 202
16 A. a. O. 205
17 A. a. O. 200
18 A. a. O. 194
19 A. a. O. 211
20 A. a. O. 206–7
21 Hermann Schweppenhäuser: Einleitung zu Walter Benjamin = Über Haschisch, hrsg. von Tillmann Rexroth, Frankfurt 1972

22 Hermann Schweppenhäuser: Physiognomie eines Physiognomikers = Zur Aktualität Walter Benjamins, a. a. O. 139–171 Zit. 141

23 A. a. O. 153

24 A. a. O. 143

25 A. a. O. 151

26 A. a. O. 193

27 Günter Rohrmoser: Herrschaft und Versöhnung/Ästhetik und die Kulturrevolution des Westens, Freiburg 1972, 7

28 A. a. O. 12

29 Vgl. J. Habermas: Bewußtmachende oder rettende Kritik / Die Aktualität Walter Benjamins = Zur Aktualität Walter Benjamins A. a. O. 201

30 Walter Benjamin: Angelus novus, Frankfurt 1961, 202

31 Rohrmoser, a. a. O. 49

32 Walter Benjamin: Ursprung des Deutschen Trauerspiels, Frankfurt 1966, 262

33 A. a. O. 265

34 A. a. O. 266

35 A. a. O. 149 ff.

36 Den Nachweis führt er im Aufsatz «Zur Kritik der Gewalt», daß aufklärerische rationalistische Erklärungen der Gewalt, die zur Ausbildung einer menschlichen Gesellschaft notwendig war und ist, unzulänglich sind und mit pseudowissenschaftlichen Mystifikationen arbeiten.

37 Gershom Scholem: Walter Benjamin = Über Walter Benjamin, Franfurt 1968, 157

38 A. a. O. 158

39 Siehe zur Vorgeschichte des Problems Henning Günther: Philosophie des Fortschritts / Hermann Cohens Rechtfertigung der bürgerlichen Gesellschaft, München 1972. Cohen hat stark auf Benjamin gewirkt, wie auch Gershom Scholem und W. Kraft bezeugen. Dazu: Zur Aktualität Walter Benjamins, a. a. O. 69

40 Angelus novus, a. a. O. 215

41 J. Habermas, a. a. O. 194

42 H. Schweppenhäuser: Zur Aktualität Walter Benjamins, a. a. O. 156 f.

43 J. Habermas, a. a. O. 208 f.

44 Habermas will das Verhältnis von Theologie und Materialismus gegen Benjamin wieder herumwenden und die Theologie in den Dienst des Materialismus stellen. Diese Frage ist keine des Glaubens, sondern nach Benjamin entscheidet sich das Verhältnis von

Theologie und Materialismus an dem Erklärungswert und an der Ermöglichung von Erfahrung.

45 G. Scholem: Walter Benjamin, a. a. O.

46 Angelus novus, a. a. O. 66

47 G. Scholem: Walter Benjamin und sein Engel = Zur Aktualität Walter Benjamins, a. a. O.

48 Walter Benjamin: Illuminationen, Frankfurt 1962, 27

THEOLOGISCHE MOTIVE

Im folgenden soll die Virulenz des theologisch-geschichtsphilosophischen Horizontes in allen Phasen seines Denkens belegt und gedeutet werden.

Die Bedeutung Franz Rosenzweigs

Der Herkunftsort des theologischen Horizontes Benjamins wird von ihm selbst und authentisch von Gershom Scholem mit Franz Rosenzweigs «Stern der Erlösung» namhaft gemacht. Eine weitere Quelle ist Hermann Cohen, mit dem sich Benjamin eindringlich beschäftigt hat und der auch indirekt durch Rosenzweig gewirkt hat.

Benjamin bemerkt gelegentlich, es lege sich ihm nahe, Rosenzweigs Bedeutung zu überschätzen[1]. Eine Überschätzung Rosenzweigs hängt wohl zusammen mit Benjamins Bemühen um die Frühromantik und ihr Zentrum: Religion und Geschichte[2]. Rosenzweig hat wie kein anderer die Intentionen der Romantik in eine systematische Religionsphilosophie überführt[3]. Rosenzweigs Religionsphilosophie setzt ein mit der Feststellung des Endes der Theologie[4]. Die Theologie als eine vernünftige Rede von Gott ist am Ende, weil die metaphysisch-ontologischen Voraussetzungen der Theologie an der Wirklichkeit des 19. Jahrhunderts falsifiziert worden sind. Das 19. Jahrhundert hat den quasimetaphysischen Rang, die Verwirklichung des Nihilismus und damit die Theologie zum radikalst möglichen Ende geführt zu haben: bis in den Giftkrieg, in die Schlachtfelder des Ersten Weltkriegs. Die ontologischen Prämissen der Wirklichkeit erfährt die Menschheit im Inferno des Weltkriegs.

Rosenzweig hat den «Stern der Erlösung» als Soldat dieses Krieges geschrieben. Die Gotteserfahrung als Totalitätserfahrung rückt den Tod in die Mitte der Religion. Ontologisch formuliert heißt das bei Rosenzweig, daß sich Bejahung und Verneinung gleich ursprünglich zum Nichts verhalten. Es ist hier nicht möglich, die Konsequenzen dieser These, mit der Rosenzweig in der Existenzphilosophie Schule gemacht hat, zu interpretieren. Karl Löwith hat partiell Rosenzweigs Wirkung erkannt, wenn er aus dieser Grundannahme mit Rosenzweig das notwendige Ende der Philosophie folgert[5].

Denn wenn Bejahung und Verneinung sich gleich ursprünglich zum Nichts verhalten, fällt der Mensch vermittlungslos auf die Faktizität seiner Existenz zurück. Rosenzweig bestimmt daher den Menschen als «die Nichts und nur Nichts und keinerlei Ding voraussetzende Freiheit»[6].

Die Möglichkeit zu töten, getötet zu werden und sich selbst zu töten macht so sehr das Wesen der Totalitätserfahrung des Menschen aus, daß Rosenzweig sagen kann: «Der natürliche Tod gibt hier nichts mehr hinzu[7]».

Der Nihilismus ist Platzhalter der Theologie, nachdem Gott der «Entronnene» einer alle Theodizee widerlegenden, mörderischen Geschichte ist. Alle Metaphysik und damit Theologie und Philosophie endet konsequent im Buddhismus. Rosenzweigs Religionsphilosophie setzt also – gleichzeitig mit der dialektischen Theologie Barths und ebenso wie sie[8] – die Widerlegung der Theologie an die Stelle der Theologie. Denn die Erfahrung des Nichts sei die Erfahrung des Nichts Gottes. Rosenzweig stellt ausgiebig ontologische Spekulationen an, die wie das ganze Werk den Charakter des Dilletantischen haben, um seiner Erfahrung des Nihilismus Wahrheit und Verbindlichkeit zu geben. Heidegger zum Teil antizipierend[9] projiziert Rosenzweig die erkenntnistheoretischen Aporien des Neukantianismus in die Metaphysik. Es geht ihm um den ontologischen Rang der Wirklichkeit in sensualistischen, existenziellen, anschauenden und glaubenden Wirklichkeitserfahrungen. In diesen Erfahrungen könne die Theologie die Wirklichkeit Gottes nur erschleichen oder Gott als dem Nichts aller Erfahrungen Platz geben, indem sie sich selbst zurücknimmt. Von diesen Voraussetzungen her ist es verständlich, daß Rosenzweig – an einer tückischen Krankheit langsam absterbend – nicht weiter Theologie getrieben hat und daß es auch bei Benjamin nie einen Versuch gegeben hat, zu theologischen Fragen oder gar zu eigenen systematischen Ansätzen Überlegungen anzustellen.

Dennoch ist ein theologischer Horizont Benjamins unbestritten. Diesen Horizont hat ihm Rosenzweig durch seinen Offenbarungsbegriff eröffnet. Denn ungeachtet der radikalen Verabschiedung der metaphysischen Theologie ist bei Rosenzweig die Offenbarung die Voraussetzung aller menschlichen Erfahrung überhaupt. Die Welt als solche ist in der Offenbarung erschlossen. «Sie ist das Verständliche schlechtweg[10]». Der Grund für die Verständlichkeit der Welt ist bei Rosenzweig «die Sein und Denken übergreifende Metalogik[11]».

Die Wirklichkeitserfahrungen des Menschen und das Sein der Welt sind von einer gemeinsamen Metalogik umgriffen. Diese zentrale Aussage führt Rosenzweig zu der Feststellung des Wegfalls des Gegensatzes von Materialismus und Idealismus. Damit greift Rosenzweig auf Fichte zurück. Benjamin hat seine nie ausgeführte, nur behauptete Evidenz, daß sein Bekenntnis zum Materialismus mit seinen theologischen Prämissen nicht nur vereinbar, sondern notwendig sei, von Rosenzweigs «Kreatur»begriff abgezogen. Die in der Formulierung Rosenzweigs «vorweltliche» Übereinstimmung von Sein und Denken ist die Voraussetzung dessen, was Scholem Benjamins «materialistische Theologie» nennt[12].

Bei Rosenzweig heißt es: «Dies Sein der Welt ist ihr Schon-da-sein[13]». Dieses Dasein der Welt ist ihre Gegenständlichkeit. Es ist deshalb für Rosenzweig evident und nicht weiter begründbar, daß die Gegenständlichkeit «die Wahrheit der Welt sichert und das elementare, das metalogische Weltbild in Geltung erhält[14]».

Die Rede von der Offenbarung soll die unmittelbare Evidenz der Gegenstände der Welt als Wahrheit verständlich machen. Rosenzweig führt diesen Gedanken aus in seiner These, daß das Wunder nicht eine Handlung Gottes gegen die Natur sei, sondern daß das Wunder auf natürliche Weise geschieht.

Daraus folgt eine eigentümliche Sakralisierung der Dinge, eine Theologisierung der wirklichen Gegenstände und Abläufe. Die wahre und als Wahrheit offen daliegende Gegenständlichkeit tritt bei dem Versuch, diese Offenbarkeit theologisch zu begründen, dialektisch in das Gegenteil über: die Dinge als das Wunder, das Geheimnis auf den Bahnen der Natur bekommen unversehens eine religiös-magische Dimension. «Aus den Elementen selber muß die Bahn der strömenden Bewegung ihren Ursprung nehmen[15].»

Eine als rational begonnene Theorie der Gegenständlichkeit, ihres sich eröffnenden Wesens, führt konsequent dazu, den Gegenständen eine magische Positivität zu geben. Denn die Wahrheit der Gegenstände enthüllt sich in zeitlicher und räumlicher Kontingenz. Rosenzweig führt daher zur Charakterisierung der Offenbarkeit der Dinge die Kategorie des Augenblicks ein. Damit nimmt Rosenzweig die mystische Tradition in die Offenbarungstheologie hinein. Die Kabbala gerät ihm zu einer Theologisierung des Positivismus. Zugleich hebt er die Trennung von ästhetischer und religiöser Erfahrung der Wirklichkeit ungewollt auf. «Die Kunst ist hier gewissermaßen der Erstling und Repräsentant alles ‹Empirischen›[16].» Rosenzweig will sich nicht zwischen den Alternativsätzen entscheiden müssen, daß entweder die Welt das Verständliche schlechthin, oder nur augenblickshaft erschlossen in einem besonderen Medium, der Kunst, ist. Die «Metalogik» besteht gerade darin, den Gegensatz von Subjekt und Objekt als abstrakt aufzuheben. Deshalb nimmt er den Satz romantischen Subjektivismus' auf, daß der Betrachter der Vollender und Erzeuger des Gegenstandes aus der Fülle des Chaos ist. Die Welt ist erschlossen in Subjekt und Objekt zugleich. Seine Offenbarungsphilosophie soll daher über die Subjekt-Objekt-Spaltung aufklären[17] und den an dieser Spaltung orientierten Erfahrungsbegriff fragwürdig werden lassen. Aus dieser Aufgabe ergibt sich ein Zwang zur Tiefgründigkeit und Mitteilung aus dem Geheimnis der Identität von Exeget und Wirklichkeit, dem auch Benjamin nicht entgangen ist. Von dieser vorweltlichen, metalogischen Einheit von Ding und Bewußtsein weiß Rosenzweig, daß sie zu einer mythischen Welt gehört. «Alle Kunst steht auch heutigen Tags unter dem Gesetz der mythischen Welt[18].» Die Aufhebung der Trennung von religiöser und ästhetischer Erfahrung der Wirklichkeit ist für Rosenzweig wie für die Frühromantik der Vorgang, durch den in religionsgeschichtlicher Charakteristik die Moderne die Wiederkehr des Mythos erzwingt. «(Der Jude) allein hat die Einheit des Mythos, die den Völkern der Welt durch das Christentum verloren ging und verloren gehen mußte[19].» Auch an dieser Stelle hat Rosenzweig auf Benjamin gewirkt, dessen Lebensthema im Briefwechsel unter dem Stichwort «Mythos und Moderne» genannt wird.

Am höchsten einschätzen muß man Rosenzweigs Einfluß auf Benjamin wohl in dem sprachtheologischen Kontext von Benjamins Philosophie. Die Identität von Subjekt und Objekt als die vorgegebene Wirklichkeit und Wahrheit der Gegenstände und ihrer Vollendung im Betrachter gründet in dem Namen der Gegenstände. «Der ‹Gegenstand› sieht seinen Platz drinnen schon von Namen besetzt[20].» Erst durch die Theorie des Namens wird der Satz von der schlechthinnigen Verständlichkeit der Welt erklärbar. Löwiths These von der untergründigen Verbindung Heideggers zu Rosenzweig wird an dieser Stelle deutlich, wenn man an Heideggers andenkendes Denken aus dem Sprach- und Spruchwesen der Sprache denkt. Die Offenbarungstheologie Rosenzweigs ist zuletzt Sprachtheologie. Für ihn ist die Stummheit der Natur ihr Leiden, und zugleich wäre erst im vollendeten Verstummen die Welt erlöst von der Spaltung von Ding und Name.

Benjamin ist hierin Rosenzweig gefolgt bis hin zu der tiefen Konsequenz Benjaminschen Ingeniums, wenn er in seiner Onomatopoesis Namen und Ding gleichsetzt, wie es Kinder und Wahnsinnige tun.

In einer dritten Hinsicht schließlich hat Rosenzweig das anhaltende Interesse Benjamins erregen müssen. Diese Hinsicht hängt zusammen mit dem «in tyrannos» der Rosenzweigschen Religionsphilosophie. Rosenzweig trennt die Religion nicht streng von Politik. Der Kult soll wieder das ganze Leben der Menschen und Völker bestimmen, ritualisieren und verwirklichen. Eine von kultischer Gebundenheit unabhängige Praxis kann dann nur eine einzige und reine Praxis sein: blinde Praxis aus Emotionalität, der «magische Wirkungsmöglichkeiten» erschlossen sind[21]. In der im Kult festgestellten Geschichte wiederholt sich in Kreisläufen das Immerselbe. Gott selbst ist diese Geschichte, sie ist seine Trägheit, sein

Schicksal. Diese Immanenz der Geschichte und ihrer Rituale des Immerselben kann nur Gott selbst durchbrechen. Dieser Durchbruch Gottes durch die «Pforte des Augenblicks[22]», wie es beim späten Benjamin heißt, in die Immanenz des Immerselben ist messianisch. Rosenzweig hat die bolschewistische Revolution in Rußland in Anlehnung an Dostojewkis Hoffnungen als in letzter Konsequenz das Christentum revolutionierend verstanden und daher dieser Revolution eine mit dem Kommen des messianischen Reichs verbundene erlösende Bedeutung zugemessen[23]. Nimmt man einen vierten Gesichtspunkt der «politischen Theologie» Rosenzweigs hinzu: seinen Anarchismus, seine Ablehnung des Staates[24], dann ist eine weitreichende Übereinstimmung mit Benjamin festzustellen.

1. Durch die Entpolitisierung der Gesellschaft tendiert das Leben auf eine neue Einheit gemeinsamer kultischer Handlungen. Diese quasireligiöse profane Einheit des Lebens läßt eine Politik als gesonderte menschliche Praxis nicht mehr zu. Es verwischen sich die Konturen des politischen und religiösen Handelns, wie die des ästhetischen und des religiösen.

2. Praxis ist unter diesen Bedingungen reine, emotionelle Praxis.

3. Diese als 19. Jahrhundert zur «Hölle» gewordene Moderne[25] kann am Glück nur noch orientiert sein mit der Erwartung, daß Gott selbst seine Moira durchbricht, seine Verzeitlichung und Vergeschichtlichung im Chok aufhebt und als der Messias das Ganze erlöst.

4. Es gibt Sprünge, ein Aufreißen des Kontinuums der Geschichte in den Revolutionen, in denen das Profane des menschlichen Glücks ein leises, das zutreffendste, inkommensurable Nahen des messianischen Reichs realisiert[26].

Zusammenfassend kann man sagen, daß Rosenzweigs Be-

deutung für Benjamin in dem völligen Fehlen einer metaphysischen Theologie und damit in einem Vorbehalt gegen die Erkenntniskapazität des Begriffs überhaupt zum Tragen kommt; daß der Offenbarungsbegriff Rosenzweigs mit der Indifferenz von Magie und Positivismus Benjamins Blicks auf das Mikrologische und die Hierarchien des Sinns gelenkt hat; daß sich politische Theorie in einem theologisch-geschichtsphilosophischen Horizont hält.
Benjamin hatte aber aus den Anregungen durch Rosenzweig, sie zum Teil völlig umkehrend, den Dilletantismus zu exorzieren. Insbesondere ist die Dialektik von Evidenz und Geheimnis der Dinge leicht dahingeredet. Der Schlüssel ist nicht mitoffenbart. Benjamin versuchte, diese Dialektik in Erkenntnis umzusetzen. Dabei ging er in den Gegenstand ein, der einer kapitalistischen und faschistischen Wirklichkeit angehört. Es wurde der Erkennende dem Erkannten gleichgesetzt, so daß Benjamin starken Pressionen durch Brecht und Adorno ausgesetzt war, weil er sich nicht schnell genug von der Wirklichkeit löste und sich auf dem Klassenstandpunkt salvierte. Es ist verständlich, daß Benjamin es – in einem inhaltlichen Sinn – nicht fertigbrachte, den «Stern der Erlösung» ganz durchzulesen und dann distanzierend reimte: «Man bettet ihn auf Rosenzweigen / Doch lieber will er schwebend bleiben[27].» Die einschneidendste Differenz zu Rosenzweig liegt in der unterschiedlichen Fassung des Messianismus. Benjamin wußte um die Vorgeschichte von Rosenzweigs Messianismus. Rosenzweig hatte unter dem Eindruck der philosophischen Überlegenheit hegelscher und schellingscher christlicher Geschichtsphilosophie eine Konversion zum Christentum innerlich bereits vollzogen. Die Entdeckung der Kabbala und der mystische Durchbruch Gottes im Augenblick schien ihm die Möglichkeit zu eröffnen, die Christologie in jüdische Religionsphilo-

sophie zu übersetzen. Diese doppelte Konversion war für Benjamin in Martin Buber widersprüchlich und falsch genug.

Messianismus und Marxismus

Der Messianismus ist durch zwei extreme Auslegungen bedroht. Die eine ist die Position Adornos, in der die Menschheit in Verfall und Verbrechen in ihrer Selbstliquidation voranschreitet. Die totale Verkehrtheit enthält messianische Züge nur in der Unabwendbarkeit des Untergangs. Diese Totalität des Falschen spiegelt undenkbar und unsagbar eine Bestimmung des Weltprozesses wider. Die entgegengesetzte Auffassung sieht die Motive der Hoffnung. Der Messianismus wird dann als die innerweltliche Verwirklichung der Hoffnungen der Menschheit verstanden. Das Kommen des Messias wird politisch und in der Immanenz der Geschichte verwirklicht. Bestimmte emanzipatorische Aktionen werden mit dem Nahen des Reichs identifiziert.

Der Marxismus hat sich doktrinär einer solchen Theologisierung seiner Rolle und seines Inhalts widersetzt. Beide Versionen des Messianismus sind für den Marxismus untragbar. Die Universalität des Verfalls würde dem Grundbegriff des Marxismus, der Revolution, widersprechen. Die Einlösung der Verheißungen hier und jetzt und die Dominanz der Zukunft über Gegenwart und Vergangenheit brächten den Marxismus in denselben tödlichen Widerspruch zu seiner eigenen Realität, durch den der Fortschritt den westlichen Gesellschaften ihre Rechtfertigungsmöglichkeiten nimmt.

Dennoch führt die marxistische Geschichtsphilosophie in ihrer Konsequenz zur verborgenen Aktualität messianistischer Überzeugungen. Wie sehr auch immer Marxisten die Hoffnungsinhalte, die an die gelingende Revolution geknüpft werden, reduzieren, profanieren und enttäuschen, völlig läßt sich die Hoffnung auf versöhntes Leben nicht aus dem Geschichtsbild des Marxismus tilgen. Ein dialektischer Messianismus dagegen kann den Schmerz der Spaltung der nahen und weiten Perspektiven im etablierten Kommunismus erklären. Das dialektische Moment besteht darin, im Konkreten die Vorgestalt zukünftigen besseren Lebens zu entdecken, das Messianische dagegen legt den Grund der Frömmigkeit, die ein Vertrauen in den Gang der Geschichte möglich macht.

Der Messianismus heilt nicht nur die Entzweiung von verwirklichtem und wahrem Kommunismus, sondern Benjamin führt ihn in den Marxismus auch dort ein, wo es um die augenblickshafte Durchbrechung des Menschen aus der Trance seiner kollektiven Geschichte in die Aktualität des Jetzt geht. Dieser Chok, durch den das Kontinuum der Geschichte unvorhersehbar aufgesprengt wird, war seit jeher auch die Bekundung eines Durchbruchs nichtmenschlicher Gewalten. Unter den Bedingungen eines der Unmittelbarkeit beraubten Lebens in einer technologisch kontrollierten Realität kommt diesem Chok die Bedeutung eines unerträglichen Glücks des Durchbruchs aus sekundären Erfahrungen zu unmittelbarer Berührung zu. Hier opponiert eine religiöse Erfahrung gegen die Totalität technologischer Herrschaft, und der Marxismus tut gut daran, sie als messianische Splitter der Erlösung, wie es bei Benjamin heißt, zu affirmieren, da er als universale Theorie nichts außer sich haben kann.

Die messianischen Motive des Marxismus treten schließlich unübersehbar hervor, wenn der verwirklichte Marxismus gezwungen ist, den theoretischen Materialismus in einen anthropologischen Materialismus zu überführen.

Die Verwirklichung einer «menschlichen» Gesellschaft erfordert eine Dialektik von Gewährenlassen und Erziehung. Benjamin macht hier exponierte Aussagen über die Kindlichkeit menschlichen Glücks, über das Theatralische des Freiheitsgebrauchs. Auch ein totalitäres System muß es sich leisten können, hier zu gewährleisten, ohne zu kontrollieren. Es sind Vermittlungen und Voraussetzungen des Vertrauens notwendig, die in mitmenschlichen und kollektiven Regungen allein kein Fundament finden können.

Benjamins Messianismus läßt sich also nicht undialektisch in die Verkündigung der Erlösung einschließen und ebensowenig mit emanzipatorisch-revolutionären Bewegungen gleichsetzen. Es kann ihm auch kein apologetisches Interesse an Theologie unterstellt werden, so als ob er mit theologischen Formeln in die Aporien des Marxismus eindringen wolle. Sondern für ihn ist das messianische Erlösungsmotiv selber Bestandteil der Dialektik der Geschichte. Die Kontroverse zwischen H. Maier und J. B. Metz um Benjamins Messianismus trennt die Dialektik von Erlösung und Katastrophe bei Benjamin, und es führt auch zu falschen Fronten, wenn man Benjamins Idee des Glücks im Profanen und das Erlösungsmotiv der Religion als unvereinbar auseinanderhält. Die Differenz als Dialektik auszutragen ist gerade die Aufgabe politischer Philosophie, wie Benjamin sie versteht.

Kritik an den Linksintellektuellen

Benjamin hat die kommunistische Revolution für die «Schwelle» in der Geschichte gehalten, über die alles in der Geschichte Überlebende treten muß. Er hat diese Position nicht aus Fanatismus oder Haß eingenommen, sondern eher mit einer gewissen Fatalität im Blick auf die

Notwendigkeit, die im Ablauf der Geschichte waltet. Sein Gewährsmann ist Trotzki gewesen[28]. Die Unvermeidlichkeit der kommunistischen Revolution hängt mit der Erfahrung zusammen, daß die einzige, eine bürgerliche Fassade behaltende Alternative für das Bürgertum der Faschismus schien. Diese Alternative von Faschismus und Kommunismus ließ Benjamin ohne Schwanken am Kommunismus festhalten, wenngleich die konkreten Erfahrungen seines Aufenthaltes in der Sowjetunion ihn aller Euphorie entfremdeten. Die geschichtsphilosophische Notwendigkeit, die hier am Werk ist, bedient sich eines bedauernswerten Repräsentanten: der Sozialdemokratie. Benjamins Enttäuschung über die Sozialdemokratie hat dieselben Gründe derselben Enttäuschung von Marx am Anfang ihrer geschichtlichen Wirksamkeit: das Verhältnis der Sozialdemokratie zum «Fortschritt». Sie ist trotz aller Erfahrungen mit der Negativität des Fortschritts nie der Realität der Dialektik des Fortschritts ansichtig geworden.

«Was soll das: einer Welt, die in Totenstarre versinkt, von Fortschritt reden[29].» Benjamin sieht in der Existenz des Berufsverschwörers (Blanqui) eine Möglichkeit, gegen diesen Fortschritt unter den von ihm gesetzten Bedingungen zu existieren. Der Vulgärmarxismus, der die philosophische Substanz der Sozialdemokratie ausmacht, «will nur die Fortschritte der Naturbeherrschung, nicht die Rückschritte der Gesellschaft wahrhaben[30].»

Unter Fortschritt ist der Konformismus zu verstehen, der mit dem Strom der technischen Entwicklung schwimmen will. Der naive Fortschrittsglaube zwingt die Sozialdemokratie, jede regressive Entwicklung der Gesellschaft zu ignorieren oder sie als Fortschritt zu feiern. Eine dialektische Realitätserfahrung, die das Moment der Destruktivität ebenso zur Voraussetzung hat wie das Moment der revolutionären Rettung, kann gar nicht anders als zum

Kommunismus stehen, so lange es keine andere – der Dialektik der Geschichte mächtige – politische Bewegung gibt.

«Die Kritik an der Vorstellung dieses Fortgangs muß die Grundlage der Kritik an der Vorstellung des Fortschritts überhaupt bilden[31].» Ein solches Zugeständnis an die Kapazität und Zulässigkeit von Kritik würde mit dem Spuk der Linksintellektuellen «dieser sozialdemokratischen Vereinsdichter»[32], wie Benjamin sie nennt, Schluß machen, denn die Kritik muß sich an Wahrheit ausweisen und Wahrheit in Anspruch nehmen, die dem Fortschritt überlegen ist.

«Der Intellektuelle nimmt die Mimikri der proletarischen Existenz an, ohne doch im mindesten der Arbeiterklasse verbunden zu sein[33].» «Der Posten der linksradikalen Intelligenz ist ein verlorener.» «Die linke Intelligenz ist ununterbrochener Agent aller geistigen Konjunkturen.» «Kurz, dieser linke Radikalismus ist genau diejenige Haltung, der überhaupt keine politische Aktion mehr entspricht[34].» Benjamin hat diese Kritik gegen die Linke der Weimarer Republik und der Emigration formuliert. Die Position Benjamins, die sich so radikal gegen Faschismus, Sozialdemokratismus und Linksradikalismus wendet, setzt eine eigene politische Philosophie voraus. Diese Kritik ermöglichende Position ist von den Anfängen Benjamins an bis zu seinen letzten Fragmenten religionsphilosophisch und politisch zugleich. Diese politische Theologie Benjamins soll an drei repräsentativen Phasen seiner Entwicklung aufgezeigt werden.

Der Begriff der Totalität

Die erste Phase umfaßt das Jahrzehnt nach 1918. Den Einsatzpunkt gewinnt Benjamin von einem «Programm der kommenden Philosophie» (1918), Benjamin versucht mit diesem Programm, die kontroversen Schulen des Neukantianismus, Rickert und Cohen, zu vermitteln. Ausgangspunkt dieses Programms ist «die religiöse und historische Blindheit der Aufklärung[35]». Diese Blindheit wirkt sich in einer Erblindung der Erfahrung aus. Eine kommende Philosophie müßte eine neue und höhere Art der Erfahrung möglich machen, die Benjamin metaphysisch nennt[36]. «Alle echte Erfahrung beruht auf dem reinen erkenntnis-theoretischen (transzendentalen) Bewußtsein, wenn dieser Terminus unter der Bedingung, daß er alles Subjekthaften entkleidet sei, noch verwendbar ist[37].» Diese neue Erfahrung umfaßt die Religion als eine die Subjekt-Objekt-Spaltung übergreifende Erkenntnis[38]. Der Bereich jenseits der Subjekt-Objekt Terminologie wäre der sprachliche. «Ein in der Reflexion auf das sprachliche Wesen der Erkenntnis gewonnener Begriff von ihr wird einen korrespondierenden Erfahrungsbegriff schaffen, der auch Gebiete ... umfassen wird, ... deren oberstes ist das Gebiet der Religion[39].» Die von Benjamin geforderte Philosophie wäre selber Theologie oder dieser übergeordnet[40]. Die Religion bekommt in dieser Schrift Benjamins eine so zentrale Stellung, weil nur eine die Religion einschließende neue Metaphysik eine der konkreten Totalität entsprechende Erfahrungsweise ausbilden könnte. Das Programm einer kommenden Philosophie ist also mit dem Ziel entworfen, der Moderne einen Erfahrungsbegriff zurückzugewinnen, der ihr die konkrete Totalität erschliessen würde[41]. Benjamin ist diesem Entwurf der Erfahrung einer konkreten Totalität ebenso treu geblieben, wie er ihn selber revidieren mußte. Die Revision betrifft die Überzeugung, daß die Religion das Gebiet der konkreten Totalität erschließen könne. Benjamin wandte sich von der Sache her genötigt dem Problem des Mythos zu. Denn die gesuchte, sprachlich vermittelte konkrete To-

talität wird nicht in der philosophischen Religion erschlossen, sondern im Mythos. Das Denken wird dialektisch, wenn es gilt, die Einheit des Mythisch-Ganzen nach der Auflösung durch die Aufklärung zu bewahren.
In seiner großen Studie zu «Goethes Wahlverwandtschaften» führt der Versuch, Goethe als den Zeugen einer Natur und Geschichte übergreifenden religiösen Erfahrung zu entdecken, zu der These von der unüberwundenen Natur und der Aktualität des Mythos für das Selbstverständnis der Aufklärung. Benjamin faßt nun die im «Programm der kommenden Philosophie» noch als religiöse vermutete Erfahrung mit dem Terminus des «Schicksals». «Die Menschen selbst müssen die Naturgewalt bekunden. Denn sie sind ihr nirgends entwachsen[42].» Die Menschen sind nicht die autonomen Subjekte der Selbstbefreiung; sie können sich auch nicht selbst durch Aufklärung von dem Schicksal befreien, das Natur und Geschichte ihnen bereitet. Im Gegenteil, die Aufklärung gibt dem Menschen eine scheinbare Freiheit, die zur Auflösung der Institutionen führt. Diese Auflösung der Institutionen, hier der Ehe, führt zur Freisetzung mythischer Gewalten. «Kein sittliches Problem ist hier die Ehe und auch kein soziales. Sie ist keine bürgerliche Lebensform. In ihrer Auflösung wird alles Humane zur Erscheinung, und das Mythische verbleibt allein das Wesen[43].» Dieser Rückfall in das Mythische nach der Auflösung der Institutionen führt zu dem völligen Ausfall der ethischen Dimension menschlicher Praxis. Naturmächte und die Zweideutigkeit des Kollektiven und des Individuellen im Menschen, der handeln oder nicht handeln will, überantworten ihn dem Schicksal. «Notwendig müssen in diesem Kreis die Gewalten obsiegen, die im Zerfall der Ehe an den Tag treten. Denn es sind eben jene des Schicksals[44].» Es zeigt sich, daß die von Benjamin in der Überwindung der Blindheit der Aufklärung zu erkennende konkrete

Totalität die des Schicksals ist. «Schicksal ist der Schuldzusammenhang alles Lebendigen[45].» Die Menschen widersetzen sich dem Schicksal. Innerhalb des Mythischen selbst nimmt der Widerstand gegen das Schicksal die Form des religiösen Opfers an[46]. «In der ungeheuren Grunderfahrung von den mythischen Mächten, daß Versöhnung mit ihnen nicht zu gewinnen sei, es sei denn durch die Stetigkeit des Opfers, hat sich Goethe gegen dieselben aufgeworfen[47].» Eine andere Möglichkeit hat Goethe in der Novelle aufgezeigt, in der ein bewußtseinsunabhängiger, reflexionsfreier Entschluß zu einer Tat den Schuldzusammenhang sprengt. «In der Tat ist Freiheit so deutlich aus des Jünglings rettendem Entschluß entfernt wie Schicksal. Das chimärische Freiheitsstreben ist es, das über die Gestalten des Romans das Schicksal heraufbeschwört[48].» Die Dialektik der Freiheit führt selbst die Verfallenheit an das Schicksal herbei. Ein Zustand der Erlösung, in dem die Menschen «kein Schicksal mehr haben»[49], nimmt ihnen auch die Freiheit, die in der Auflehnung gegen das Schicksal besteht. Die im Schicksal Verfangenen suchen die Erlösung im Schein. Benjamin durchschaut hier den Ästhetizismus einer Versöhnung der Realität im schönen Schein. Die Erfahrung der konkreten Totalität hat ihr Organ nicht in der Kunst. Die Kunst imaginiert nur den Schein. Goethe selbst gab der Erlösung ein religiöses, quasi christliches Gepränge. Benjamin reduziert die Versöhnung, als deren Schein die Schönheit bei den andern zurückbleibt[50], darauf, daß «am Ende die Hoffnung den Schein der Versöhnung rechtfertigt»[51]. Der ästhetische Schein einer Versöhnung des Menschen mit dem Schicksal ist für Benjamin nur eine Stimulation von Hoffnung für Hoffnungslose[52]. Benjamin formuliert hier ohne Zögern, daß nur eine höhere Macht den Schuldzusammenhang zerreißen kann, daß nur Gott selbst erlöst[53].

Damit hat sich Benjamin frei gemacht vom romantischen Ästhetizismus, dessen Befreiung von der Blindheit der Aufklärung nur scheinbar ist. Aber es bleibt die Erlösungsbedürftigkeit des Menschen und der Natur als religiöses Problem, und es bleibt die politisch-gesellschaftliche Wirklichkeit einer sich in der Selbstideologisierung als aufgeklärt stilisierenden, in den Mythos zurückfallenden modernen Gesellschaft. In dieser religionsphilosophischen Perspektive einer in den Mythos zurückfallenden Moderne wird die politische Theologie die angemessene Form der Theorie dessen, was ist. Benjamin bezieht sich daher positiv auf Carl Schmitts «Politische Theologie». In seiner bedeutenden Studie «Ursprung des deutschen Trauerspiels» nimmt er Carl Schmitts Ansatz zur Interpretation des Souveräns und des Ausnahmezustands auf und wendet ihn auf das 17. Jahrhundert an. In dieser Zuwendung zum 17. Jahrhundert geht es Benjamin um die aktuelle Frage nach politischer Totalität. Für politische Totalität steht im Barock der Souverän, in dem sich ununterscheidbar die Züge des Tyrannen und des Märtyrers vereinigen. Im hier verfolgten Zusammenhang kann diese Schrift Benjamins nicht zulänglich interpretiert werden. In ihr ermittelt Benjamin die Eigenart eines sich in ein mythisches Zeitalter zurückprojizierenden christlichen Anarchismus. Es geht ihm um die Aufdeckung der Welt des Barocks als einer Totalität, die Profanität und Sakralität nicht trennt.

Ein zweites Problem, das sich aus der Auflösung des bürgerlich-christlichen Staates ergibt, ist das Problem der Massen. Auch das Problem der Massen ist ein religiöses Problem. Benjamin hat deshalb Charles Sorel einen bedeutenden Platz in der politischen Philosophie zugebilligt, weil Sorel das Problem der Massen in einem remythisierten Zeitalter als religiöses, d. h. mit dem Ziel einer das Ganze wendenden erlösenden Tat, gestellt hat. Auch die positive Einschätzung von Ludwig Klages beruht bei Benjamin darauf, daß an Klages ein politisch religiöses Problem sichtbar gemacht werden kann: das der Ununterscheidbarkeit von somatischen und religiösen Regungen bei Massen.

Gewalt und Schicksal

Benjamin hat selbst zwei Versuche gemacht, diesen permanenten Ausnahmezustand, als der die moderne Gesellschaft existiert, in religiös politische Begriffe zu fassen. Der eine Begriff ist der der Gewalt, der andere der des Schicksals.

Benjamin hat explizit auf die Diskussion politischer Theologie Einfluß gehabt. Dieser Einfluß bestimmte die Frage der Rolle der Gewalt in der politischen Theologie und das Zutagetreten der messianistischen Voraussetzungen der sich in Eschatologie bewegenden Theologie.

Die Gewalt als Praxis emanzipatorischer Veränderungen hat abweichende theologische Reaktionen ausgelöst. Eine Antwort lautet, daß es eine biblisch legitimierte christliche Apologie der Gewalt schlechterdings nicht geben könne, sondern daß die Sache der Christen der gewaltlose, leidende Widerstand gegen jede Gewalt sei.

Eine andere, pragmatische Antwort heißt: Gewalt ist unvermeidliches Moment politischer Praxis. Eine fundamentaltheologische Begründung für die Gewaltlosigkeit ist vielleicht richtig, aber unrealistisch. Die Gewalt ist ein Mittel politischer Auseinandersetzungen im Kampf zwischen Fortschritt und Reaktion, Ausbeutern und Ausgebeuteten. Der Beitrag Politischer Theologie müsse dann darin bestehen, den pragmatischen Charakter der Gewaltanwendung hervorzuheben, wenn möglich die Sicherung durch rechtliche Verfahren zu fördern. Ein eigentümlich theologischer Beitrag sei erst dann gefordert, wenn über den Einsatz von Gewalt nach Prinzipien der Zweck-Mittel-Relation entschieden werden müsse. Zu diesen Prinzipien könne die theologische Ethik Aussagen machen.

Eine dritte Antwort lautet: Der Haß ist die Quelle religiöser Kreativität. Gewalt ist selbst unmittelbar religiöse Praxis. Sie ist im Aufstand der Unterdrückten Manifestation Gottes selbst. Revolution und Verwirklichung des Kerygmas gehören zusammen. Die Frage nach dem Einsatz von Gewalt ist entschieden, weil diese Theologie weiß, wo das Böse ist. Zwar bleibt die Versöhnung die wichtigste christlich-theologische Aussage, aber die Spielregeln der Versöhnung werden durch Gewalt festgelegt.

Benjamin läßt sich keiner der skizzierten Positionen eindeutig zuordnen.

In dem Aufsatz «Zur Kritik der Gewalt» setzt er sich die Aufgabe, eine geschichtsphilosophische Theorie der Gewalt und ihrer Überwindung zu leisten. Gewalt ist in zwei Gestalten präsent: als rechtsetzende und als rechterhaltende. Gewalt ist notwendig, um eine neue Rechtsordnung zu etablieren, und Gewalt ist notwendig, um eine Rechtsordnung zu erhalten. Auch die Erhaltung ist also ohne Gewalt nicht möglich. «Schwindet das Bewußtsein von der latenten Anwesenheit der Gewalt in einem Rechtsinstitut, so verfällt es[54].» Bereits die Abschaffung der Todesstrafe ist eine solche Zerstörung des Rechts in seinem Ursprung, nämlich des Rechts auf das Gewaltmonopol des Staates, das ein Recht zur Tötung eingeschlossen hat[55].

Diese radikale Verwirklichung der Gewalt im Recht zeigt für Benjamin an, daß die Gewalt kein natürliches Produkt der Aggression ist. Im Gegenteil: das Recht der Gewalt besteht in der Überwindung des Rechts des bloßen Lebens auf Dasein. Damit zeigt sich in geschichtsphilosophischer Perspektive, daß die Gewalt das Kennzeichen einer Geschichtsepoche ist, die Benjamin als die des Mythos ausmacht, weil die Ordnungen des Mythos die Naturverfallenheit des Menschen nicht mehr als letztes Faktum anerkannt haben. Diese Ordnungen setzten die Gewalt und ihr Recht an die Stelle bloßer Natur. «Falsch und niedrig ist der Satz, daß Dasein höher als gerechtes Dasein stehe, wenn Dasein nichts als bloßes Leben bedeuten soll ... Zuletzt gibt es zu denken, daß, was hier heilig gesprochen wird, dem alten mythischen Denken nach der gezeichnete Träger der Verschuldung ist: das bloße Leben[56].»

Die Gewalt ist also die geschichtliche Praxis, die die Menschen dem Schuldzusammenhang ihres bloß natürlichen Daseins entnommen hat, insofern Gewalt rechtsetzend war. Es kann daher das Subjekt dieser Gewalt nicht der natürliche Mensch sein. Damit kommt Benjamin zu der entscheidenden These: In der geschichtsmächtigen Gewalt bekundet sich unmittelbar göttliche Gewalt. «(Gewalt) ist kein Mittel, sondern Manifestation. Und zwar kennt diese Gewalt durchaus objektive Manifestationen, in denen sie der Kritik unterworfen werden kann. Diese finden sich höchst bedeutend zunächst im Mythos. Die mythische Gewalt in ihrer urbildlichen Form ist bloße Manifestation der Götter[57].» Ohne eine Legitimierung von Gewalt als Manifestation mythischer Mächte wäre die Durchsetzung von Rechtsordnungen unverständlich. Solange die Herrschaft des Mythos ungebrochen ist, wäre es Regression in bloßes Dasein, gegen die Gewalt als rechtsetzend und rechterhaltend zu sein. Hie und da, so heißt es bei Benjamin, ist die Herrschaft des Mythos schon gebrochen[58]. Was könnte an die Stelle der mythischen Bejahung der Gewalt durch die Unterdrückten treten? Die Gewalt müßte nicht die unmittelbare

Manifestation mythischer Mächte, sondern indirekt Zeichen «heiliger Vollstreckung», «Gottesgericht» sein[59]. «Eine reine göttliche Gewalt» soll an die Stelle der mythischen und ihres Rechtsstaates treten[60]. Die Indirektheit eines den Mythos überwindenden Handelns Gottes bedient sich der Menschen, so Benjamin in diesem Entwurf, wo sie Subjekte indirekter Gewalt sind, also in der Technik und in der Sprache[61]. An die Stelle der Gewalt des Rechts treten Formen gewaltloser Übereinkunft. Die Herbeiführung dieses «neuen geschichtlichen Zeitalters»[62] erwartet Benjamin von einem Generalstreik, dessen katastrophale Folgen nicht schrecken, wo es sich um Gottesgericht handelt[63].

Mit dieser Kritik der Gewalt partizipiert Benjamin an allen anfangs skizzierten theologischen Positionen. Er teilt die Zielbestimmung: gewaltlose Übereinkunft. Er entwickelt eine religionsgeschichtliche Theorie der Gewalt als Mittel und eine Theorie der Gewalt als Manifestation und Zeichen göttlichen Handelns. Die marxistische Theorie von der revolutionären Gewalt als Mittel zur Abschaffung der Gewalt muß deshalb korrigiert und erweitert werden. Die Korrektur besteht darin, daß die Gewalt nur ein Mittel sein kann, wenn sie die Gestalt des Rechts und rechtlicher Institutionen annimmt. Damit bleibt aber auch die marxistische Theorie im Horizont des mythischen Weltalters, weil die Gewalt ein Mittel zur Überwindung bloßer Natur durch Naturmächte ist. Eine Erweiterung der marxistischen Theorie der Gewalt besteht nach Benjamin darin, den theogonischen Ablauf der Geschichte anzuerkennen und das Ziel der Abschaffung der Gewalt mit dem Sieg Gottes über die mythischen Mächte gleichzusetzen.

Benjamins Hinweis auf die theogonische Rolle der Gewalt in der Geschichte ist deshalb eine immanente Kritik am Marxismus, weil die Antwort des Marxismus auf die

Rolle der Gewalt in der Geschichte – daß sie ein Mittel unter dem Primat der Politik sei – selbst zu den Fragen einer Teleologie des Geschichtsprozesses hinführt. Denn über den Einsatz von Gewalt als eines Mittels der Politik entscheidet marxistisch die dialektische Erkenntnis der konkreten Situation. Diese Erkenntnis aber setzt die Einsicht in die Bedeutung von Einzelphänomenen im Gesamtprozeß voraus. Für den Marxismus ist die einzige dialektische Wissenschaft die von der Geschichte. Benjamin zeigt, daß die dann zu lösenden Probleme ohne religionsphilosophische Substanz, wie verborgen und terminologisch kaschiert auch immer, unverständlich und sinnlos werden. Eine pragmatische Behandlung der Frage nach der Gewalt wird von Benjamin mit großer Entschiedenheit auf das Recht verwiesen; das Recht aber ist nicht pragmatischen Ursprungs und bleibt Zeichen mythisch regulierten Bewußtseins. Auch das Recht ist der Geschichtlichkeit der Geschichte unterworfen. Die Deutung des Geschichtsprozesses vermeidet im Marxismus die theologischen Kategorien und ersetzt sie durch naturgeschichtliche. Benjamins Kritik an diesem Ausweichen besteht in einer Neuformulierung des Begriffs der geschichtlich verformten Natur.

Das eigene Zeitalter ist daher in religiös-politischen Begriffen zu fassen. Dabei ist ein Rückgriff auf Terminologien notwendig, die zur Interpretation vormoderner und vorgeschichtlicher Epochen ausgebildet worden sind (Mythos, Magie, Kultus). Die Ungenauigkeit dieser Begriffe ist unkorrigierbar, weil historische Begriffe zu systematischen umgeformt werden. Ein wichtiger Begriff für das Verständnis des eigenen Zeitalters war der geschichtlich beziehungsvolle Begriff des Schicksals.

Nachdem Benjamin in der «Kritik der Gewalt» die Aufhebung des mythischen Zeitalters durch den Sieg Gottes über die mythischen Gewalten bestimmt hat, bleibt die

Aporie, in der Indirektheit des Handelns Gottes zwischen göttlichen und mythischen Manifestationen unterscheiden zu müssen.

Dieser Frage wendet sich Benjamin in dem Fragment «Schicksal und Charakter» zu. Die den Menschen bestimmenden Gewalten bilden einen «Bedeutungszusammenhang». Der Bedeutungszusammenhang spricht in Zeichen, aber diese Zeichen verweisen aufeinander, bedingen sich wechselseitig und verschließen das Bewußtsein.

«Ein Bedeutungszusammenhang ist nie kausal zu begründen»[64], sondern es bleibt eine Differenz zwischen Zeichen und Bezeichnetem. Die Unausdeutbarkeit des Schicksals hat darin ihren Grund, daß die Grenze von menschlicher Praxis und bedingter Außenwelt nicht gezogen werden kann. Der Bedeutungszusammenhang bezieht den «Charakter» des Einzelnen unvermittelt in die Weltzusammenhänge ein. «Das Außen, das der handelnde Mensch vorfindet, kann in beliebig hohem Maße auf sein Innen, sein Innen in beliebig hohem Maß auf sein Außen prinzipiell zurückgeführt, ja als dieses prinzipiell angesehen werden[65].» Diese Identität nennt Benjamin dämonisch[66]. Wie kann der Mensch der Dämonie der Identität von Schicksal und Charakter entgehen? Ethik und Freiheit sind hier ausgeschlossen, so lange der universale Bedeutungszusammenhang determiniert. Die Aktualität des Mythos besteht darin, in diesen Bedeutungszusammenhang Vorstellungen von Ursachen einzubringen. Als der erste Versuch, den Menschen dem Schicksal zu entreißen, wird die Orientierung an der Idee des Glücks gelten müssen. Aber die Idee des Glücks hilft dem Menschen nicht aus der Unwissenheit, ob er es einer Manifestation göttlicher oder mythischer Gewalten verdankt, denn das Glück gilt als eine Weise des Menschen, Gott zu versuchen[67]. Das Glück ist dem Schicksal am wenigsten entronnen, so lange die Natur im Menschen, der natürliche

Mensch als Natur im Schuldzusammenhang alles Lebendigen steht[68]. Die Frage des politischen Handelns nach einer Unterscheidung zwischen mythischer und göttlicher Gewalt kann durch «Schicksal» nicht geklärt werden. Das Schicksal der Unterworfenheit der Menschen unter Gewalt und die Blindheit im Erkennen der Gewalt, die affirmiert werden muß, um einen Zustand gewaltloser Verständigung herbeizuführen, sind durch Erkenntnis nicht aufzuheben. Benjamin sucht hier zum ersten Mal die Lösung in der Richtung, die dann für ihn bestimmend geworden ist: dem Schuldzusammenhang des Lebendigen wäre «die Vision von der natürlichen Unschuld des Menschen entgegenzusetzen»[69]. Der unschuldige Mensch wäre den mythischen Gewalten überlegen, die nicht schicksallos sind. Aber keine schenkende Natur gewährt dem Menschen Unschuld. Den Preis der Unschuld nennt die Tragödie: Blindheit, Stummheit, Tod.
Die erste Phase von Benjamins politischer Philosophie ist also bestimmt von der These eines Rückfalls der Gesellschaft an die dämonischen und mythischen Gewalten, die mit der Auflösung der Institutionen freigesetzt werden. Benjamin hat nicht an eine Chance vernunftgeleiteter, autonomer Praxis geglaubt, den Weg in die Katastrophe verhindern zu können. «Der Begriff des Fortschritts ist in der Idee der Katastrophe zu fundieren»[70], heißt es später. Nur eine in spontaner Massenaktion manifest werdende göttliche Gewalt hätte den Weg in die Katastrophe verhindern können. Benjamin mußte aber resignierend feststellen, daß die kommunistischen Aktionen für die religiöse Signatur der Situation total blind waren und pragmatisch dieselben Programme zur Behebung der Symptome der Krise anboten wie die Faschisten, ohne den Zugang zu den Massen zu finden, die nicht mehr in den Kategorien marxistischer Analysen der Bourgeoisie zu fassen waren[71].

Surrealismus und Politik

Benjamin war durch diese Entwicklung genötigt, die Genealogie des bürgerlichen Bewußtseins neu zu entdecken und bewußt zu machen. Seine Kritik an den Linksintellektuellen und den Theorien des Faschismus zwang ihn, die Unaufhebbarkeit der Schranken des intellektuellen Bewußtseins zu bestätigen. Die so totale Gleichschaltung aller Differenzen – freiwillig – durch den Faschismus war ein Ausdruck der Hilflosigkeit, die Auflösung der bürgerlichen Gesellschaft auch nur zu begreifen. Benjamin hat die Marxsche Theorie der Trennung von Unterbau und Überbau, also die Ungleichzeitigkeit der Theorie angesichts vollzogener Veränderungen an der Basis der produzierenden Gesellschaft, indirekt für den totalen Sieg des Faschismus für mitverantwortlich gehalten[72].
Eine zentrale Stellung für die Philosophie Benjamins nimmt daher seine Schrift «Der Surrealismus» (1929) ein. Der Untertitel lautet: Die letzte Momentaufnahme der europäischen Intelligenz. Im Surrealismus öffnet sich die Intelligenz den neuen Phänomenen, die über den Möglichkeiten der Realität liegen, die das bürgerliche Bewußtsein erfahren kann. Der Surrealismus begreift diese neue Realität nicht anders als negativ, eben als Surrealität. Deshalb ist der Surrealismus ohnmächtig gegen seine präfaschistischen Tendenzen. Die Auflösung des bürgerlichen Bewußtseins ist nur Auflösung, der Surrealismus nur Symptom der Krise, aber nicht die der neuen Realität gewachsene Erfahrung. Der Surrealismus kommt der religiösen Erfahrung einer Surrealität sehr nahe und ist insofern ein Organ zur Erfahrung der nachbürgerlichen Realität, ihrer Negativität für die europäische Intelligenz. Er zwingt die Intelligenz, zwischen anarchistischer Fronde und revolutionärer Disziplin zur Entscheidung zu kommen[73]. Dieser Entscheidung geht die «Locke-

rung des Ich durch den Rausch» vorher, die sich «in religiösen Ekstasen oder Ekstasen der Drogen» neuen Erfahrungen öffnet[74].
«Die wahre, schöpferische Überwindung religiöser Erleuchtung aber liegt nun wahrhaftig nicht bei den Rauschgiften. Sie liegt in einer profanen Erleuchtung einer materialistischen anthropologischen Inspiration, zu der Haschisch, Opium und was immer sonst die Vorschule abgeben können. (Aber eine gefährliche. Und die der Religion ist strenger.)[75]» Die Bewußtseinserweiterung durch Drogen ist nicht ein Problem des Endes des 20. Jahrhunderts, sondern des 19. Jahrhunderts. Und die Profanität der Erleuchtung hat in der Religion die strenge Vorbedingung der heiligen Nüchternheit, die Benjamin an Hölderlin als christliche aufgegangen war. Der Trick der surrealistischen Erfahrung besteht in einer Politisierung der Dingwelt, indem ihre Versklavung in revolutionären Nihilismus umschlägt[76]. Die Bekundung surrealistischer Künstler, sie stünden links, bringt es nur bis zum Skandal, der die einzige Aktion ist, die aus dieser Revolte gegen die Realität hervorgehen kann[77].
Ein letztes Mal verfällt Benjamin in diesem Ansatz in vollem Maß den gefährlichen Theoremen der Theologie Rosenzweigs. Zwei theologische Voraussetzungen macht Benjamin, um die Identifikation des Surrealismus mit dem, was an der Zeit ist, herzustellen. Was an der Zeit war, war der Faschismus. Diese theologischen Voraussetzungen sind einmal eine Theologie der Identität des Bösen und des Guten in Gott. Die Theologie der Freiheit des Surrealismus ist eine Befreiung zum Bösen, das dieselbe göttliche Sanktion hat wie das Gute[78]. Der Begriff der Meta-Ethik bei Rosenzweig erhält nun seine konkrete Bestimmung: den Enthusiasmus zum Bösen.
Die zweite theologische Voraussetzung des Surrealismus ist in Rosenzweigs magischem Offenbarungspositivismus

enthalten. Es heißt bei Benjamin über den Surrealismus: «Es bringt uns nämlich nicht weiter, die rätselhafte Seite am Rätselhaften pathetisch oder fanatisch zu unterstreichen; vielmehr durchdringen wir das Geheimnis nur in dem Grade, als wir es im Alltäglichen wiederfinden, kraft einer dialektischen Optik, die das Alltägliche als undurchdringlich, das Undurchdringliche als alltäglich erkennt[79].»

Der Surrealismus will diese Realität durchdringen und produzieren zugleich. Damit ist der Surrealismus nicht mehr Kunst. Die Kunst hat aufgehört, von gesellschaftlicher Realität unterschieden zu sein. Für diese neue Realität hat das Bild die entscheidende Bedeutung. Benjamin sieht das Neue der nachbürgerlichen Realität des 20. Jahrhunderts darin, daß diese Realität von der Art des Bildes ist. Seine theoretischen Anstrengungen galten daher dem Film, der Architektur und der Stadt. Benjamin konnte nicht vorhersehen, daß der Film in der Totalität des Mediums Fernsehen so schnell seine These von der modernen Realität als der des Bildes bestätigen würde. Die radikale These ist, daß das politische Handeln und das Propagieren von Bildern identisch ist[80]. Der eigentliche Machtkampf ums Ganze ist der Kampf um den «Bildraum», der die Realität des Menschen ausmacht. Die idealistische Bewußtseinsphilosophie, daß die Realität von der Apperzeption erzeugt wird, ist daher in radikalster Weise illusionär verwirklicht. Benjamin muß daher sagen, daß der überkommene Materialismus nicht in den «anthropologischen Materialismus» überführbar ist[81].

In dem Machtkampf um den Bildraum hat der Surrealismus eine zentrale Stellung als der Produzent dieser Bilder, die von jeder «Sinn»frage dispensiert sind.

«Das Leben schien nur lebenswert, wo die Schwelle, die zwischen Wachen und Schlafen ist, in jedem ausgetreten war, wie von Tritten massenhafter hin und wider flutender Bilder, die Sprache nur sie selbst, wo Laut und Bild und Bild und Laut mit automatischer Exaktheit derart glücklich ineinandergriffen, daß für den Groschen ‹Sinn› kein Spalt mehr übrigblieb[82].» So beschreibt Benjamin die Anfänge des Surrealismus. Der Surrealismus ist also für eine auf Bildraum reduzierte Realität vorbereitet. Die Verbindung von Surrealismus und bolschewistischer Revolutionserfahrung hätte die Alternative zum Faschismus sein sollen. Denn Benjamin will die Marxsche These von der vorrangigen Veränderung der äußeren Verhältnisse mit der spezifisch modernen Realität des «Bildraum» verbinden. Es käme auf eine Dialektik von politischem Materialismus und physischer Kreatur an. In dieser Dialektik würde das Individuum vernichtet. Diese Vernichtung des Individuum ist die Vorbedingung des Bildraumes als der nachrevolutionären Realität[83].

Die Veränderungen der äußerlichen Verhältnisse fallen für einen anthropologischen Materialismus mit der Veränderung des Menschen zusammen. Der Ort des Zusammentreffens ist der Leib, die Physis des Menschen.

«Es bleibt ein Rest. Auch das Kollektivum ist leibhaft. Und die Physis, die sich in der Technik ihm organisiert, ist nach ihrer ganzen politischen und sachlichen Wirklichkeit nur in jenem Bildraume zu erzeugen, in welchem die profane Erleuchtung uns heimisch macht. Erst wenn in ihr sich Leib und Bildraum so tief durchdringen, daß alle revolutionäre Spannung leibliche kollektive Innervation, alle leiblichen Innervationen des Kollektivs revolutionäre Entladung werden, hat die Wirklichkeit so sehr sich selbst übertroffen, wie das kommunistische Manifest es fordert. Für den Augenblick sind die Surrealisten die einzigen, die seine heutige Order begriffen haben[84].»

Diese Sätze Benjamins sind von ihm selbst in einem späteren Aufsatz widerrufen worden[85]. Durch seine These, daß die Surrealisten geschichtsphilosophisch dazu bestimmt sind, die Überbietung der Wirklichkeit im Sinne von Marx zu leisten, hat Benjamin den verzweifelten Versuch unternommen, die Gründe, aus denen der Faschismus über den Kommunismus siegte, für die kommunistische Revolution zu nutzen. Rückblickend ist Benjamins Position wie die des Surrealismus präfaschistisch. Denn der politische Sieg des Faschismus hängt aufs engste mit der surrealistischen Überbietung der Realität und mit dem anthropologischen Materialismus zusammen, durch den die Vernichtung des Individuums mit der wechselseitigen Innervation des kollektiven und individuellen Leibs zusammenfiel und zu einer revolutionären Entladung führte, die ebenso nüchtern-bürokratisch wie enthusiastisch war, die ganze politische und pragmatische Wirklichkeit umfaßte und einen totalen Bildraum erzeugte, in dem es dem Menschen heimisch werden sollte.

Die reale Aufhebung des Unterschieds des Sakralen und des Profanen, die das Resultat des Verfalls der bürgerlichen Gesellschaft und ihrer Trennungen ist, hat der Faschismus realisiert.

Benjamin hat diese Phase seiner Bestimmung des Verhältnisses von Religion und Politik in dem Augenblick konsequent hinter sich gelassen, in dem er erkannte, daß der Kommunismus in der Ausnutzung dieser neuen Konstellation mit dem Faschismus nicht konkurrieren konnte. Vor allem im Nachwort zu seinem Aufsatz «Das Kunstwerk im Zeitalter seiner technischen Reproduzierbarkeit» hat er das Zusammenspiel von religiös-ästhetischer Produktion und Faschismus erkannt[86]. Benjamin hat sich von da an mit Brecht identifiziert, weil nur Brecht die Nüchternheit aufbrachte, die Enthusiasmus erlaubt.

Benjamin hat ein Fragment hinterlassen mit dem Titel «Theologisch-politisches Fragment». Theologie und Politik bleibt die Fragestellung. In diesem Fragment kommt wieder die Position zum Tragen, die Benjamin im Surrealismus-Aufsatz bezeichnenderweise in Klammern gesetzt hatte: daß nur die den Mythos überwindende Religion und Gott selbst in ihr der Hölle des 20. Jahrhunderts ein Ende machen kann, in der das Profane und das Religiöse unmittelbar identisch geworden sind. Die Theokratie der höllischen Mächte, als die Benjamin die Realität des nachbürgerlichen Zeitalters bestimmt, kann nur durch eine Erlösung beendet werden, in der die Idee des Glücks im Profanen umkehrt und das Herz durch ein Leiden hindurchgeht, in dem das Vergehen selber vergeht. Durch den Nihilismus der Weltgeschichte hindurch stellt Gott die entstellte Natur wieder her[87]. Diese Position war Benjamin nicht die eines Glaubens wider die Vernunft, sondern die religionsphilosophische Position wurde ihm zu der einzigen, die der Katastrophe nicht direkt oder indirekt zuzustimmen braucht.

Materialismus und Theologie

Benjamin hat das Aperçu von Marx von den theologischen Mucken der Ware ernst genommen. Er will die Produkte moderner Gesellschaft in einer Materialismus und Theologie überbietenden (geschichtsphilosophischen) Naturphilosophie begreifen. Seine philosophischen Anstrengungen galten daher insbesondere dem Begriff des Warenhauses, der Baustoffe und dem Städtebau. Das theologische Problem der modernen Gesellschaft in ihrem Verhältnis zu ihren Produkten ist das Tote, das Anorganische dieser Produkte. Die Phantasie muß den Produkten ein Leben geben, um sie in Ware zu verwandeln. Die Verwandlung der Produkte in Waren durch die Reklame bestimmt Benjamin als ihre Theologisierung[88]. Ihre Ausstellung im Warenhaus erhebt das Anorganische der

Waren in eine eigentümliche Lebendigkeit, die der Phantasmagorie. Ein neues Paradox hat sich durch die Entwicklung der Produktivkräfte aufgestellt: totes Leben.
Diese neue Erfahrung mit dem Anorganischen als der vom Menschen produzierten Naturphantasmagorie hat Ursachen, die Benjamin in einer Interpretation von Kants «Kritik der Urteilskraft» hatte entwickeln wollen. Die Natur selbst geht über die Realitätserfahrung der Aufklärung hinaus, wenn der Widerspruch von Naturgesetz und faßlicher Ordnung der Natur sich in der Phantasmagorie der Warenwelt objektiv verfestigt. Die erste Antwort auf diese Aporie findet Benjamin in Goethes Naturphilosophie. «So erscheint ein Urgrund Goetheschen Forschens in Natur nur hier. Dieses Studium beruht auf bald naivem, bald auch wohl bedachterem Doppelsinn in dem Naturbegriff. Er bezeichnet nämlich bei Goethe sowohl die Sphäre der wahrnehmbaren Erscheinung wie auch die der anschaubaren Urbilder. Niemals hat doch Goethe Rechenschaft von dieser Synthesis erbringen können. Vergebens suchen seine Forschungen statt philosophischer Ergründung den Erweis für die Identität der beiden Sphären empirisch durch Experimente zu führen[89].»
Goethe kämpfte mit dem Bewußtsein, die Wahrheit zu wissen und nicht davon überzeugen zu können. Die Theorie der Farben sollte nicht der Mechanik allein obliegen. Er wollte diesen Erweis durch raffinierte Versuchungsanordnungen der Manipulation des Lichts erbringen. Goethe ist damit in seinem Widerspruch dem Widerspruch auf der Spur, dem die Natur in den Waren ausgesetzt ist. Sein Erweis der Ähnlichkeit zwischen organischen und anorganischen Erscheinungen sucht jenen Naturgrund, der auch das Tote phantasmagorisch belebt.
Nach Benjamin hat Goethe in den «Wahlverwandtschaften» seine Naturphilosophie in gesellschaftliche Zusam-

menhänge übersetzt. Die Umwandlung einer Landschaft nach Plan und die Fixierung des Lebendigen im Bild im Totenhaus wirken zerstörerisch mit der toten Lebendigkeit der Magie auf die Produzenten zurück. Der Aufstand der unterdrückten Natur fordert die ersten Opfer. Die bedeutsamste und unverstandene Bestimmung dieses neuen Zustands der Natur als der durch Magie der Mode und Reklame in Ware verwandelten anorganischen Produkte hat Benjamin in seinem Barock-Buch geleistet, wenn er die Leiche als Emblem in den Mittelpunkt moderner Naturerfahrung gerückt sieht.

In dem Aufsatz «Das Kunstwerk im Zeitalter seiner technischen Reproduzierbarkeit» hat Benjamin diesen realen geschichtlichen Prozeß noch in soziologischen und ästhetischen Kategorien zu fassen gesucht. Zwei Begriffe sind zentral: Aura und Schock. Die moderne Massenproduktion und Reproduktion hat die Aura der Dinge zerstört, die im Hier und Jetzt ihres Daseins bestand. Auch die Arbeit der Geschichte an den Dingen war gebunden an die Einmaligkeit und Besonderheit ihres Hervortretens im Augenblick geschichtlicher Wirksamkeit. Deshalb zerstört die moderne Produktion nicht nur die Aura des Einmaligen, sondern ist eine umfassende Liquidation der Geschichte und der Bedingungen von Tradition[90].

Den Begriff der Aura entnimmt Benjamin der theosophischen Spekulation. Er bezeichnet die Hülle der Dinge, in der sie in der Schöpfungsordnung ihren Platz finden. Die Zerstörung der Aura entspricht der Formierung homogener Massen in den modernen Gesellschaften. Die Massen und die moderne Produktion haben eine tiefgreifende Veränderung der Apperzeption herbeigeführt[91]. Die eigene, unwiederholbare und unübertragbare Erfahrung des Einzelnen ist mit der Massenform der Ware vergangen. Das führt zu einer umfassenden Abwehr von möglichen Primärerfahrungen, die bei der abstrakten Arbeit an

Produktion und Konsumtion notwendig ist. Reizüberflutung fungiert daher paradox als ein Reizschutz, der eigene, auratische Erfahrungen vermeidet. Die eigenen Erfahrungen werden nun durch die Massenform der Abarbeitung nicht gemachter Erfahrungen nachgeholt: durch den Schock. Der Schock ist ein therapeutisches Mittel der Psychoanalyse, um Menschen, die von ihrer eigenen Wirklichkeit abgeschirmt sind, zu eigenen Erfahrungen durchstoßen zu lassen. Benjamin hat diese Theorie auf das kollektive Absterben primärer Erfahrungen angewandt und den Film als die kollektive Therapie des Schocks verstanden, durch den die Massen eigentümlich zerstreut sich mit ihrer Massenform konfrontieren. Das Abbild der eigenen, nicht selbst erfahrenen Realität wird widergespiegelt, aber durch schockartige technische Mittel des Blicks übergroß oder überklein, gerafft und gedehnt, durch neue Zuordnungen konstruiert, so daß diese Realität in einer kollektiven Weise durch Schock als die eigene angeeignet wird.

Die Massenproduktion nimmt also den Dingen nicht nur ihre eigentümliche Aura, sie gibt ihnen auch eine neue Magie, wenn die Kamera durch die Realität flaniert und die Wirklichkeit im Ganzen zum Interieur der Seele der Massen verwandelt.

Der Flaneur, der Sammler und das Interieur sind daher Vorformen einer die Massenproduktion remagisierenden «Theologisierung» der Wirklichkeit. In der durch die Massenproduktion hindurchgegangenen Natur selbst hat sich die Trennung von Unterbau und Überbau aufgelöst. Darin liegt der Konvergenzpunkt für Theologie und Materialismus bei Benjamin. Die Austreibung der Magie aus den auratischen Dingen ist durch die Massenproduktion vollzogen. Aber auf eine neue kollektive Weise der Aneignung der durch Reklame und Mode zubereiteten Dinge stellt sich die Magie der Realität in neuen kollektiven Strukturen wieder her; die Rezeption ist nicht mehr die Beschwörung, sondern der Schock. Die sogenannte Verdinglichung durch die moderne Produktion ist ein zweideutiger Prozeß, denn die Verständlichkeit der Produkte für das kollektive Bewußtsein fordert als Preis die Remagisierung der Waren. Benjamin hat als Befreiung aus dieser Magie das «Ausdruckslose»[92] als Gegenmacht gegen den Schein bestimmt.

Es wäre zu einfach, wenn man die Produktion selber als rational bestimmen würde und nur ihre nachträgliche Fetischisierung als Ware behaupten würde. Die Produktion selber ist die unerkannte und unbegriffene Realisation eines kollektiven Unbewußten. «Der Form des neuen Produktionsmittels, die im Anfang noch von der alten beherrscht wird (Marx), entsprechen im Kollektivbewußtsein Bilder, in denen das Neue sich mit dem Alten durchdringt. Diese Bilder sind Wunschbilder, und in ihnen sucht das Kollektiv die Unfertigkeit der gesellschaftlichen Produkte sowie die Mängel der gesellschaftlichen Produktionsordnung sowohl aufzuheben wie zu verklären[93].»

In einem der letzten Aufsätze[94] hat Benjamin noch einmal nachdrücklich an seiner Theorie des Bildes als der Sprache der geschichtlichen Natur des Menschen und als Reservoir geschichtsmächtiger Kräfte festgehalten. Es war verhängnisvoll, daß der Faschismus sich konkurrenzlos in der Form der Mythisierung die ganze Vergangenheit aneignen konnte[95]. Adorno hat wegen dieser Theorie Benjamin starken Pressionen ausgesetzt. Sein «bilderloser Materialismus» steht in völligem Gegensatz zu Benjamins Materialismus als der Theorie der fetischisierten Warenwelt. Adorno schreibt in einem Brief an Benjamin: «Man kann es auch so ausdrücken: das theologische Motiv, die Dinge beim Namen zu nennen, schlägt tendenziell um in die staunende Darstellung der bloßen Faktizität. Wollte man drastisch reden, so könnte man sagen, die Arbeit sei am Kreuzweg von Magie und Positivismus angesiedelt. Diese Stelle ist verhext. Nur die Theorie vermöchte den Bann zu brechen[96].» Daß die Theorie durch Theorie einen Bann brechen könnte, hat Benjamin vielleicht für möglich gehalten. Aber der faktischen Durchdringung von Massenproduktion konnte eine hedonistisch gestimmte Theorie nichts entgegensetzen. Für Benjamin war es immerhin eine mögliche Frage: «Gibt es trotzdem in der Mode Motive der Rettung[97]?»

Die Aneignung der Wirklichkeit und die kollektive Produktion gehen nicht ohne elementare religiöse Kräfte vonstatten. Für Benjamin ist daher eine neue radikale theologische Offensive gefordert, die der Ware und ihrer Produktion eben den Ausdruck der Befreiung gibt, der jener Befreiung der magisch, fetischistisch und mythisch regulierten Erfahrung in der Religionsgeschichte gleichkommt. Benjamins berühmte «Geschichtsphilosophische Thesen» setzen daher ein mit einer solchen Offensive der Theologie, die die Drähte des modernen Materialismus zu ziehen beginnt[98]. In der Geschichte wirkt ein Heliothropismus geheimer Art, der das Gewesene zwingt, sich der Sonne zuzuwenden, die am Himmel der Geschichte im Aufgehen ist[99]. In der Geschichte steigt derjenige auf, der die Gegenwart als die Jetztzeit begrifflich durchdringen kann und die Splitter der Erlösung wahrnimmt und die schwache erlösende Kraft mit sich führt, an welche Vergangenheit Anspruch hat[100].

Wie aber kann eine materialistische Theorie die Fetischisierung der Realität erkennen, wenn sie nur Produkt der Prozesse an der materiellen Basis ist? Benjamins Antwort auf diese Frage findet sich in seiner Sprachtheologie.

Theologie und Sprache

Der anthropologische Materialismus bezieht das menschliche Bewußtsein in die Auslegung der Realität ein. Deshalb gehört für Benjamin die Sprache zu den notwendigen Themen einer materialistischen Theorie. Benjamins theologische Fragen erreichen in seiner Sprachtheorie ihre theoretisch formulierbare Gestalt, weil in der Sprache materialistische Revolutionstheorie und religiöse Revolution des mythisch befangenen Bewußtseins konvergieren. Bereits die ersten Äußerungen des jungen Benjamin und seine letzten machen diesen Zusammenhang thematisch.

Die ersten zusammenhängenden Formulierungen finden sich in seiner Abhandlung «Über Sprache überhaupt und über die Sprache des Menschen»[101] (1916). Sprache wird von Benjamin sehr weit gefaßt, weiter als menschliches Bewußtsein reicht. «Das Dasein der Sprache erstreckt sich aber nicht nur über alle Gebiete menschlicher Geistesäußerung, der in irgendeinem Sinn immer Sprache innewohnt, sondern es erstreckt sich auf schlechthin alles. Es gibt kein Geschehen oder Ding weder in der belebten noch in der unbelebten Natur, das nicht in gewisser Weise an der Sprache teilhätte, denn es ist jedem wesentlich, seinen geistigen Inhalt mitzuteilen[102].»

Benjamin stellt die Frage nach der so rätselhaften Übereinstimmung zwischen der Sprache und den Dingen, die sich in der Sprache mitteilen. Auf diese Frage gibt es zwei extreme Antworten. Die eine Antwort ist die bürgerliche der Aufklärung. In ihr wird die Leistung der Sprache aus dem sich immer mehr differenzierenden Laut erklärt. Die Differenzierung habe zu einem System von Tönen geführt, die aufgrund von Übereinkunft eine bestimmte Menschengruppe als gemeinsames Verständigungssystem anerkennt. Diese aufgeklärte Theorie ist für Benjamin eine Mythologie, die statt einer Erklärung eine

Geschichte erzählt. Die extreme Gegenauffassung ist die magische. Sie erklärt den geheimnisvollen Zusammenhang von Wort und Ding durch eine magische Qualität der Identität. Jede der beiden Erklärungen besitzt ein Moment von Wahrheit, sowohl die aufgeklärte wie die magische. Benjamin entwickelt seine eigene Theorie ausführlich in einer Exegese der Schöpfungsgeschichte des Alten Testaments.

Ausgangspunkt ist die Trennung des sprachlichen Wesens der Dinge von ihrem geistigen. Die Dinge gehen nicht vollständig in ihrer Versprachlichung auf. Es bleibt ein nicht-sprachlicher Rest. Für Benjamin ist es eine Illusion der Aufklärung zu glauben, es könne einen Fortschritt bis hin zu der restlosen Überführung des Wesens der Realität in ihre Verbalisierung geben. Dem widersteht nicht die Wirklichkeit selbst, sondern die Grenze der Verbalisierung der Wirklichkeit liegt in der Sprache selbst. «Die Sprache teilt also das jeweilige sprachliche Wesen der Dinge mit, ihr geistiges aber nur, sofern es unmittelbar im sprachlichen beschlossen liegt, sofern es mitteilbar ist[103].» Benjamin versucht, die Differenz von Mitteilbarem und Nicht-Mitteilbarem zu begründen. Der Einwand, daß es von Nicht-Mitteilbarem kein Wissen geben könne, kann dann nicht stichhaltig sein, wenn der Nachweis unmittelbarer Erfahrungen der Grenze der Mitteilbarkeit erbracht werden kann.

Benjamin führt den Nachweis durch zwei Hinweise. Der erste ist der auf die Trauer der stummen Natur. «Es ist eine metaphysische Wahrheit, daß alle Natur zu klagen begänne, wenn Sprache ihr verliehen würde ... Weil sie stumm ist, trauert die Natur. Doch noch tiefer führt in das Wesen der Natur die Umkehrung dieses Satzes ein: die Traurigkeit der Natur macht sie verstummen. Es ist in aller Trauer der tiefste Hang zur Sprachlosigkeit[104].»

Benjamin setzt beim Menschen die Empfänglichkeit für

die Stummheit der Natur voraus. Die Empfänglichkeit des Menschen ist keine anthropologische Grundannahme, sondern gehört zum Vollzug des Sprechens. Der Mensch erfährt im Sprechen gleichzeitig die Möglichkeit einer ungeheuren schöpferischen Macht und einer ebenso unendlichen Ohnmacht. «Die Unendlichkeit aller menschlichen Sprache bleibt immer eingeschränkten und analytischen Wesens[105].»

Seine Einschränkung erfährt der Mensch durch die Verständigungsnot und durch die «Überbenennung». Die Überbenennung durch die menschlichen Sprachen ist der zweite Hinweis Benjamins auf die Erfahrungen der immanenten Grenze der Mitteilbarkeit. «Die Überbenennung als sprachliches Wesen des Traurigen deutet auf ein anderes merkwürdiges Verhältnis der Sprache: auf die Überbestimmtheit, die im tragischen Verhältnis zwischen den Sprachen der sprechenden Menschen waltet[106].» Eine Überbenennung ist nur dann ein sinnvoller Terminus, wenn man zwischen Bezeichnetem und dem bezeichnenden Wort ein besonderes Verhältnis annimmt: das des Namens. Einem Ding kommt rechtens nur ein einziger Name zu.

Damit ist der Kern dieser Überlegungen Benjamins erreicht. Benjamin will den falschen Gegensatz von materialistischer und idealistischer Erkenntnistheorie in der Sprachphilosophie aufdecken und überwinden. Die Sprache hat beide Momente in sich, das schöpferische des Idealismus und das rezeptive des Materialismus[107]. Der Mensch gibt, so heißt es bei Benjamin, «der Natur den Namen nach der Mitteilung, die er von ihr empfängt, denn auch die ganze Natur ist von einer namenlosen stummen Sprache durchzogen[108].»

Die Bedingung der Möglichkeit dieses paradoxen, dialektischen Wesens der Sprache ist für Benjamin in der Schöpfungsgeschichte genetisch erklärt. Die Magie, die anerkannt werden muß, um die wechselseitige Einwirkung von Ding und Name, von Natur und Sprache zu verstehen, ist nur dann rational faßbar, wenn sie aus der Einheit der Schöpfung von menschlicher Vernunft und Natur verstanden wird. «Das Mediale, das ist die Unmittelbarkeit aller geistigen Mitteilungen, ist das Grundproblem der Sprachtheorie, und wenn man diese Unmittelbarkeit magisch nennen will, so ist das Urproblem der Sprache ihre Magie[109].» Diese Magie kann bedeuten, daß der Mensch auch als Sprechender der unmittelbaren Macht der Natur nie entronnen ist. Mittels der Magie spricht die Natur selbst im Menschen, durch magische Wirkungen der Materie auf das Bewußtsein. «Diese Gemeinschaft ist dann unmittelbar und unendlich wie die jeder sprachlichen Mitteilung; sie ist magisch (denn es gibt die Magie der Materie). Das Unvergleichliche der menschlichen Sprache ist, daß ihre magische Gemeinschaft mit den Dingen immateriell und rein geistig ist, und dafür ist der Laut das Symbol[110].» Um diese Unmittelbarkeit der magischen Einwirkung der Materie auf das Bewußtsein erkennen zu können, muß es ein Prinzip geben, das der Erkenntnis überlegen ist.

Die Antwort auf die Frage nach dem Prinzip, das dem Austausch des Menschen mit der Natur überlegen ist, heißt: der göttliche Name. An den entscheidenden Stellen des gesamten Werks Benjamins erscheint dieser Hinweis auf den Namen. In dieser theologischen Grundvoraussetzung besteht nicht nur die Einheit seines Werks, sondern auch die transzendentale Bedingung von Erkenntnis in einer Moderne, deren Signatur der unüberwundene Mythos ist. «Im Namen teilt das geistige Wesen des Menschen sich Gott mit. Der Name hat im Bereich der Sprache einzig diesen Sinn und diese unvergleichlich hohe Bedeutung: daß er das innerste Wesen der Sprache selber ist. Der Name ist dasjenige, durch das sich nichts mehr, und in dem die Sprache selbst und absolut sich mitteilt[111].»

Gott selbst hat seinen Namen zu geben verweigert. In ihm ist die Namenlosigkeit die Gegenmacht gegen die Magie, der der Mensch sonst ausgeliefert ist. Allein durch die Namensverweigerung Gottes ist die menschliche Namensgebung mit Erkenntnis kontaminiert.

«In Gott ist der Name schöpferisch, weil er Wort ist, und Gottes Wort ist erkennend, weil es Name ist[112].»

Mit der Notwendigkeit, mit der die Sprachphilosophie zu einer theologischen Theorie des Namens führt, will die gegenwärtig aktuelle, wissenschaftlich bornierte Sprachtheorie nichts zu tun haben. Die Reduktion von Sprachtheorie auf bloße Kommunikation oder auf ein Modell hin, eine reine, saubere, durch Einheitsgrammatik aller Zweideutigkeit beraubte Metasprache zu etablieren, durch die sich Sprachanalytiker gegenüber aller Realität zu Religionsstiftern einer nie dagewesenen Hygiene aufwerfen, hat Benjamin als bürgerliches Trauma angesehen. Die Auslöschung des Namens ist allerdings notwendig, wenn die Magie, die mit dem Namen gegeben ist, nicht durch eine höhere Stufe der Religion, durch die Lehre von einem Gott, der den Namen verweigert, überwunden wird. «Indem er die stumme namenlose Sprache der Dinge empfängt und sie in den Namen in Lauten überträgt, löst der Mensch diese Aufgabe. Unlösbar wäre sie, wäre nicht die Namensprache des Menschen und die namenlose der Dinge in Gott verwandt, entlassen aus demselben schaffenden Wort, das in den Dingen Mitteilung der Materie in magischer Gemeinschaft, im Menschen Sprache des Erkennens und Namens in seligem Geiste geworden wäre[113].»

Benjamins Sprachphilosophie ist Fragment geblieben. Sie ist die Eröffnung eines Horizontes, in dem Sprachphilosophie fragen muß.

Er hat in der Abhandlung «Problem der Sprachsoziologie» (1935)[114] versucht, den Stand der Forschung in der Sprachsoziologie im Zusammenhang seiner eigenen Intentionen zu referieren. In sprachsoziologischer Terminologie wird die «magische» Erklärung des besonderen Verhältnisses von Ding und Name mit dem Terminus «Onomatopoesis» gefaßt. Benjamin zeigt in seiner sprachsoziologischen Studie, daß die Sprachsoziologie die onomatopoetische Theorie auf einem höheren Niveau wiedergewonnen hat. Diese Rückkehr zu den ersten Anfängen der Sprachtheorie (Platon) in der viele Wissenschaften übergreifenden Sprachsoziologie ist darauf zurückzuführen, daß nach wie vor versucht wird, das Wesen der Sprache durch Reduktion in den Anfang zu entdecken. Dieser Anfang wird in der Ethnologie, bei den sogenannten Primitiven, bei Kindern und bei Geisteskranken gesucht. Die Forschung hat dabei die geltenden Vorurteile revidieren müssen. Die vorgeschichtlichen Sprachen und die Sprachen der Primitiven sind nicht primitiv. Im Gegenteil wird als Kriterium des Primitiven nun der Reichtum der Sprache eingeführt. Die Aphasie der Geisteskranken ist gerade nicht, wie ein romantisches Vorurteil es will, durch eine Sprengung der instrumentellen Mitteilungsfunktion der Sprache gekennzeichnet, sondern gerade durch die völlige Hemmung der Sprache auf Mitteilung.
Der interessanteste Aspekt der Sprachentstehung ist deshalb für Benjamin das kindliche Sprechen. Das kindliche Sprechen ist eine im weiteren Sinne mimetische Tätigkeit. Benjamin referiert die «phylogenetische» mimetische Theorie (Delacroix), die Gestikulationstheorie (R. Paget) und die Sprachphysiognomik (H. Werner). Allen diesen Theorien ist gemeinsam, daß sie das Sprechen in einem erweiterten Sinn als mimetische Tätigkeit auffassen. Die Erweiterung besteht darin, daß das nachahmende Handeln des Menschen in sich zugleich ein rezeptives und

spontanes Agieren ist. Piaget hat deshalb die Trennung der mitteilenden sozialisierten Sprache von der egozentrischen Sprache eingeführt und nachgewiesen. Die Trennung von sozialisierter Sprache und egozentrischer Sprache ist deshalb so wichtig, weil die egozentrische Sprache die Platzhalterin des Denkvorgangs ist. Es gäbe dann eine Trennung von Innen und Außen im Subjekt, eine Trennung von Mitteilung und egozentrischem «Beziehungswahn». Die Trennung ist nicht mehr als eine Problemanzeige. Denn die egozentrische Sprache des Kindes unterliegt dem Zwang der Sozialisierung. Die Trennung von Innen und Außen im Subjekt gilt vielleicht nur noch für die «Berliner Kindheit um Neunzehnhundert», wie Bruchstücke einer Autobiographie bei Benjamin heißen, in einem großbürgerlichen Interieur.
Eine streng materialistische Theorie wird Bewußtsein nur als Produkt des Seins tolerieren. Eine egozentrische Sprache wird von der als Sozialisation verstandenen Erziehung nicht geduldet werden. Benjamin ist an der Doppelrolle der Sprache als sozialisierter und egozentrischer interessiert, weil die Trennung nicht nur die Ermöglichung des Konservativismus, sondern auch der Veränderung ist[115].
Benjamin hat in einem Fragment «Über das mimetische Vermögen» einen Begriff eingeführt, der die Sprachphilosophie aus der Aporetik von Freiheit und Materialismus, Mimesis und Spontaneität, Innen und Außen, Programmierung und Schizophrenie herausführen soll. Sein Begriff der «unsinnlichen Ähnlichkeit» umfaßt Theologie und Materialismus. Benjamin konstatiert einen Verfall des mimetischen Vermögens des Menschen in der Geschichte, den er als Transformation bestimmt. Seine Intentionen – Sprachmagie und Onomatopoesis – sind in dem Terminus der unsinnlichen Ähnlichkeit in Aufklärung übersetzbar. Das Archiv der unsinnlichen Ähnlich-

keit ist die Sprache. In ihr ahmt das Subjekt das Materiale metaphysisch, unsinnlich nach. Ähnlichkeit wäre unsinnlich zu denken.

Eine Überprüfung der Schriften Benjamins zeigt also, daß in allen Phasen seines Denkens theologische Motive wichtig sind, sowohl für die geschichtliche Interpretation der Wirklichkeit wie für eine Erfahrung und Erkenntnis begründende Theorie. Die These von der geschichtlichen Überführung der Theologie in Geschichtsphilosophie ist ein Thema seines Hauptwerkes, des «Ursprung des deutschen Trauerspiels».

Anmerkungen

1 W. Benjamin: Briefe 1, hrsg. und mit Anmerkungen versehen von G. Scholem und Th. W. Adorno, Frankfurt 1966, 281

2 A. a. O. 138

3 Die ausgezeichnete Interpretation Rosenzweigs durch Else Freund: Die Existenzphilosophie Franz Rosenzweigs, Berlin 1933, weist nach, daß Rosenzweig durch Schellingsche Kategorien maßgeblich bestimmt ist. Die Schwäche der Freundschen Arbeit ist ihr durch Richard Kroners Schellingverständnis begrenzter Horizont.

4 Die neuere Untersuchung von Joseph Tewes: Zum Existenzbegriff Rosenzweigs, Meisenheim 1970, nimmt Rosenzweigs Nihilismusthese als nur methodischen Hilfsbegriff (S. 49). Die Realität und ihr geschichtsphilosophischer Kontext sind damit ausgeklammert.

5 Auch Tewes übernimmt Rosenzweigs These vom Ende der Philosophie, a. a. O. 1 ff.

6 Franz Rosenzweig: Der Stern der Erlösung, Heidelberg 1954[3], 881.

7 A. a. O., I. Teil, 88

8 Siehe dazu Günter Rohrmoser: Nietzsche und das Ende der Emanzipation, Freiburg 1971.

9 Siehe dazu Karl Löwith: M. Heidegger und F. Rosenzweig. Ein Nachtrag zu «Sein und Zeit» in K. L., Gesammelte Abhandlungen, Stuttgart 1960.

10 Rosenzweig, a. a. O. 55, I. Teil
11 A. a. O. 55
12 G. Scholem, a. a. O. 158
13 Rosenzweig, a. a. O. 56
14 A. a. O. 58
15 A. a. O., 1. Teil, 114
16 A. a. O., II. Teil, 173
17 A. a. O., II. Teil, 14
18 A. a. O., II. Teil, 52–53
19 A. a. O., III. Teil, 88
20 A. a. O., I. Teil, 129
21 A. a. O., III. Teil, 14 f.
22 W. Benjamin: Illuminationen, Ausgewählte Schriften, Frankfurt 1961, 279
23 Rosenzweig, a. a. O., III. Teil, 35
24 «Da enthüllt der Staat sein wahres Gesicht. Das Recht war nur sein erstes Wort ... Nun aber spricht er sein zweite Wort: das Wort der Gewalt», a. a. O., III. Teil, 92
25 W. Benjamin: Briefe 2, a. a. O. 783
26 W. Benjamin: Theologisch-Politisches Fragment, Ausgewählte Schriften 1 (Illuminationen), Frankfurt 1961, 280.
27 W. Benjamin: Briefe 1, a. a. O. 281–282
28 Benjamin: Briefe 2, 553
29 Benjamin: Illuminationen, a. a. O. 259
30 A. a. O. 274
31 A. a. O. 276
32 A. a. O. 213
33 A. a. O. 277
34 A. a. O. 458 f.
35 W. Benjamin: Angelus Novus, a. a. O. 29
36 A. a. O. 30–31
37 A. a. O. 33
38 A. a. O. 33
39 A. a. O. 39
40 A. a. O. 39
41 A. a. O. 41
42 Benjamin: Illumination, 78
43 A. a. O. 76
44 A. a. O. 85
45 A. a. O. 83
46 A. a. O. 85
47 A. a. O. 110

48 A. a. O. 116
49 A. a. O. 117
50 A. a. O. 131
51 A. a. O. 146
52 A. a. O. 147
53 A. a. O. 133
54 Benjamin: Angelus Novus, a. a. O. 53
55 A. a. O. 51
56 A. a. O. 65
57 A. a. O. 60
58 A. a. O. 65
59 A. a. O. 66
60 A. a. O. 66
61 A. a. O. 54–55
62 A. a. O. 65
63 A. a. O. 57
64 Illuminationen, a. a. O. 48
65 A. a. O. 49
66 A. a. O. 50
67 A. a. O. 50
68 A. a. O. 51–52
69 A. a. O. 54
70 A. a. O. 260
71 Briefe 2, 537 f.
72 Illuminationen, a. a. O. 148 f.
73 Angelus Novus, a. a. O. 200
74 A. a. O. 202
75 A. a. O. 202
76 A. a. O. 204 f.
77 A. a. O. 208
78 A. a. O. 210
79 A. a. O. 213
80 A. a. O. 214
81 A. a. O. 215
82 A. a. O. 201
83 A. a. O. 214 f.
84 A. a. O. 215
85 «Zum gegenwärtigen gesellschaftlichen Standort des französischen Schriftstellers» Angelus Novus, a. a. O.
86 Illuminationen, a. a. O. 175
87 A. a. O. 281 f.
88 A. a. O. 252 f.

89 A. a. O. 92
90 A. a. O. 154 f.
91 A. a. O. 174
92 A. a. O. 127
93 A. a. O. 187
94 «Einleitung zu Carl Gustav Jochmanns Rückschritten der Poesie (1939)», Angelus Novus, a. a. O.
95 A. a. O. 562 und 564
96 Briefe 2, a. a. O. 786
97 Illuminationen, a. a. O. 257
98 A. a. O. 268
99 A. a. O. 270
100 A. a. O. 279 und 269
101 Erstmals veröffentlicht in Angelus Novus, a. a. O. 9–26
102 A. a. O. 9
103 A. a. O. 10 f.
104 A. a. O. 24
105 A. a. O. 18
106 A. a. O. 25
107 A. a. O. 19
108 A. a. O. 26
109 A. a. O. 11
110 A. a. O. 16
111 A. a. O. 13
112 A. a. O. 17
113 A. a. O. 20
114 Angelus Novus, a. a. O. 67–95
115 A. a. O. 92

TRAUER UND VERFALL

Geschichtsphilosophie in Walter Benjamins «Ursprung des deutschen Trauerspiels»

Es kann nachgewiesen werden, daß theologische Motive Benjamins Denken von den ersten Veröffentlichungen an bis zu den letzten nachgelassenen Fragmenten hin bestimmten. Das Urteil von Habermas, daß das anhaltende Interesse Benjamins an Theologie eben der Nachweis seines Scheiterns sei, setzt seine Überzeugung voraus, daß die einzige überzeugende Theorie des Ganzen der Historische Materialismus sei. Benjamin selber hat aber den Widerspruch von Materialismus und Theologie so überwunden, daß – in seinen Worten – die Theologie die Drähte des Materialismus zu ziehen beginnt.

Man wird Benjamin nur gerecht, wenn man seine Theorie auch als den Versuch bestimmt, theologische Antworten auf die offenen Fragen des Marxismus zu geben. Diese Antworten gewinnt Benjamin aus einer Ortsbestimmung des Religiösen als der Totalitätskategorie in der nachaufklärerischen Epoche sowie aus einer Theorie der spezifisch modernen Realität unserer Gesellschaft, die Benjamin surrealistisch bestimmt. Ein weiterer wichtiger Aspekt ist seine Theorie der Sprache.

Im folgenden soll die wichtigste Veröffentlichung Benjamins interpretiert werden. Sein «Ursprung des deutschen Trauerspiels» ist ein apokryphes Werk, das ebenso bekannt wie uninterpretiert ist. Benjamin entwickelt in diesem Werk eine Theorie der «Versenkung» in die Phänomene, und er wendet diese Methode auf die nachreformatorische Geschichte des 17. Jahrhunderts an. Mit seiner Methode der «Versenkung» in die Phänomene meint Benjamin ein Sich-Einlassen auf die Realität. Er zeigt, wie ein theologisch geschärfter Blick in der Wirklichkeit Dimensionen des Sinns entdeckt, die sonst verschlossen bleiben. Es handelt sich also um eine nicht analytische, nicht funktionalistische, nicht operationelle Methode der Wahrnehmung von Wirklichkeit. Hier liegt eine große Chance für die Theologie.

Diese Methode wird im ersten Teil zu interpretieren sein. Der zweite Teil versucht die Ergebnisse zusammenzufassen, die Benjamin in Anwendung der Methode als die Konsequenzen der Reformation für die Geschichte der Neuzeit erkannt hat. Es ergeben sich bedeutende Ergebnisse für eine Revision der landläufigen Auffassung von Säkularisation. Darüberhinaus soll die Fragestellung einer Theologie der Natur entwickelt werden, wie sie bei Benjamin angelegt ist.

Im letzten Teil ist Benjamins Entwurf gegen den konkurrierenden von Ernst Bloch abzugrenzen. In Umrissen stellt Benjamin die Aufgabe einer Theologie von Theodizee und Gericht.

Die Ausführungen sind zu verstehen als ein Aufmerksammachen auf die unerschlossenen Möglichkeiten und die realitätserschließende Kraft der religionsphilosophischen Theorie Benjamins. Vollständigkeit ist bei einem Denker, der unter der Voraussetzung der «Hierarchien des Sinns» gedacht und geschrieben hat, nicht zu erreichen, ihn «in den Griff» zu bekommen nicht beabsichtigt.

Die Untersuchung von Tiedemann[1] stellt zu Recht Benjamins in Habilitationsabsicht verfaßte Schrift «Ursprung des deutschen Trauerspiels» in den Mittelpunkt seiner Kritik. Die Enge des Ansatzes von Tiedemann, Benjamins Philosophie im Stil einer Erkenntnistheorie vorzutragen, ist im Blick auf die genannte Schrift noch am ehesten verständlich.

Erkenntnis und Wahrheit

Benjamin selbst stellt seiner Abhandlung eine «Erkenntniskritische Vorrede» voran. In ihr zeugt er von der Wirkung Heideggers und dessen Beendigung der Probleme des Neukantianismus durch die Ontologisierung der Erkenntnistheorie. Heidegger war auch für Benjamin eine Befreiung vom Neukantianismus. Seine ontologische Formulierung der Erkenntnistheorie wurde als Durchbruch zu den Sachen aufgefaßt. «Die Relation der mikrologischen Verarbeitung zum Maß des bildnerischen und des intellektuellen Ganzen spricht es aus, wie der Wahrheitsgehalt nur bei genauester Versenkung in die Einzelheiten eines Sachgehaltes sich fassen läßt[2].» Das Mikrologische zu erkennen war der Gegenzug gegen eine grobschlächtige Erkenntnistheorie und die globalen Theorien ihrer Ermöglichung überhaupt. Die «Versenkung» war auch Benjamin keine strenge Methode hinreichend verallgemeinerten Anspruchs. Sollte sie nicht subjektivistischer «Einfühlung»[3] zugeschlagen werden und damit als Hermeneutik verwissenschaftlicht und um ihr Eigenes betrogen werden, bedurfte es eines ontologischen Ausbruchs aus dem Idealismus neukantianischer Provenienz[4].

Aber eine Ontologie des Seins des Daseins konnte den Gegenständen nicht die Unmittelbarkeit für die Erkenntnis zurückgeben; die transzendentale Theorie des Gegenstands ließ keine Erschleichung der Sachen selbst zu.

Hier wies Heideggers Platondeutung einen Ausweg. «Immer wieder wird sich als eine der tiefsten Intentionen der Philosophie in ihrem Ursprung, der platonischen Ideenlehre, der Satz erweisen, daß der Gegenstand der Erkenntnis sich nicht deckt mit der Wahrheit... Als Einheit im Sein und nicht als Einheit im Begriff ist die Wahrheit außer aller Frage[5].» Die nicht durch Erkenntnis vermittelte Wahrheit ist die der Sachen selbst. Aber wie dringt man zu den Sachen selbst vor? Die Lösung Benjamins heißt im Anschluß an Platons «Symposion»: «Es entwickelt die Wahrheit – das Reich der Ideen – als den Wesensgehalt der Schönheit[6].» Der Gegenstand, der mikrologischer Versenkung seine Wahrheit offenbart, ist der schöne. Benjamin verwendet den Begriff des «Geheimnisses», um von der Offenbarung der Wahrheit im Schönen, das nichts will als scheinen, im Flüchtigen, zu sprechen[7].

Damit würden die Kunstprodukte zum wichtigsten Stoff des philosophischen Stils[8]. Im Widerstand gegen die Gegenstandskonstitution technologischer Wissenschaft nimmt sich die Philosophie des Ephemerischen an.

Das ist für Benjamin eine Beschreibung ihres Wegs aus dem Gefängnis der Methoden zu den Phänomenen. Er übernimmt den Husserlschen Begriff der Phänomene. «Durch ihre Vermittlerrolle leihen die Begriffe den Phänomenen Anteil am Sein der Ideen. Und eben diese Vermittlerrolle macht sie tauglich zu der anderen, gleich ursprünglichen Aufgabe der Philosophie, zur Darstellung der Ideen. Indem die Rettung der Phänomene vermittels der Ideen sich vollzieht, vollzieht sich die Darstellung der Ideen im Mittel der Empirie[9].» Philosophie ist daher Phänomenologie. Bis zu diesem Punkt bestimmt Benjamin seine Position in der Terminologie Heideggers und Husserls. Er entwickelt aber seine eigene Position in fünf Hinsichten.

1. Die Phänomene stellen sich dar in der Konfiguration der Ideen. Ihre objektive Interpretation fällt mit ihrer Repräsentation[10] zusammen. Damit zielt Benjamin noch einmal auf eine Theorie der Totalität[11], die gleichermaßen die der Ideen wie die des Seins ist. Eine diskursive Theorie der Totalität leistet er nicht, sie wäre nicht Gegenstand einer Theorie, sondern ist das gelingende Essay selbst. Die Theorie des Essay des jungen Lukács wird hier von Benjamin vorausgesetzt.

2. Die Phänomene zwingen der Philosophie die «notwendige Richtung aufs Extreme»[12] auf. Benjamins Theorie des Extremen hat auf die «Kritische Theorie» Adornos konstitutiven Einfluß gehabt. Eine Nachwirkung findet sich in Thomas Manns «Dr. Faustus», der ohne Benjamins Theorie des Extremen, des Wechsels von Hitze und eisiger Kälte[13], so nicht zu denken wäre. Eine Dialektik des Zerfalls in die Extreme und ihres notwendigen Umschlags[14] von Tyrann in Martyrer, von Sadismus in Masochismus, von Despotie in Anarchie ist nicht ausgeführt. «Das Empirische dagegen wird um so tiefer durchdrungen, je genauer es als ein Extremes eingesehen werden kann[15].» Die Verführung durchs Extreme ist nicht durch ökonomische Krisen hinreichend erklärt. Benjamin selbst war in diesem Sinn ein Verführer. Wenn sich Empirisches erst als Extremes zu erkennen gibt, ist seine Rettung nur im Zustand der Zerrüttung, als Ruine möglich. Diese Konsequenz hat Benjamin gezogen. Die Ruinen einer vollendeten Zivilisation sollten ihm recht geben.

3. Die Wahrheit ist gegeben. Er setzt damit Wahrheit in radikalen Gegensatz zur Intention. Hierin liegt ein Widerspruch Benjamins gegen den Funktionalismus als Methode der Soziologie. «Also erfordert die Struktur der Wahrheit ein Sein, das an Intentionslosigkeit dem Schlichten der Dinge gleicht, an Bestandhaftigkeit aber ihm überlegen wäre[16].» Diese Loslösung der Wahrheit aus

dem Zusammenhang von Intention hätte weitreichende theologische Konsequenzen. Der Verweis auf die theologische Explikation dieser Kritik der Erkenntnis ist von Benjamin selbst gegeben worden. Er sucht die Nähe seiner Philosophie zum scholastischen Traktat, «weil er jenen wenn auch latenten Hinweis auf die Gegenstände der Theologie enthält, ohne welche der Wahrheit nicht gedacht werden kann[17].»

4. Die Praxis des Zugangs zu den Phänomenen bestimmt Benjamin in der Sprache der Metaphysik und der Theologie. Aber das Sein der Empirie selbst ist für Benjamin Sprachliches. In seiner Erkenntniskritik weist Benjamin, Heidegger vergleichbar, tiefer die Verwandlung der Erkenntnistheorie in Sprachphilosophie nach, als es bisher geschehen ist. Erst seine Theorie der Onomatopoesis erlaubt es, in der Korrespondenz von Ontologie und Transzendentalphilosophie mehr zu sehen als eine Aufstellung von Paradoxien, wie es Tiedemann falsch unterstellt. Das Benennungen und Sein Übergreifende ist der Name[18]. Tiedemanns Kritik an Benjamin ist daher falsch: «Das Bedeutungsverleihen der Allegorie ist nicht weniger von Subjektivität entstellt als die «Einfühlung» des Historismus[19].» Es ist eine Verkennung, Benjamins Theorie des Urvernehmens Subjektivismus vorzuwerfen. Eher wäre das Entgegengesetzte möglich. Die vernehmendes Subjekt und sich benennendes Objekt übergreifende Instanz kann nur theologisch gefaßt werden. Diese Theologie wird noch zu entwickeln sein.

5. Die wichtigste Einsicht in die Methode einer Philosophie der Phänomene selbst ist nach Benjamin die Arbeit der Geschichte an ihnen. «Denn der Seinsbegriff der philosophischen Wissenschaft ersättigt sich nicht an Phänomenen, sondern erst an der Aufzehrung seiner Geschichte. Die Vertiefung der historischen Perspektive in dergleichen Untersuchungen kennt, sei es ins Vergangene

oder ins Zukünftige, prinzipiell keine Grenzen. Sie gibt der Idee das Totale[20].»

Zusammengefaßt heißt das: Die Phänomene geben sich preis in der Konstellation der Ideen, im Torso der Totalität (1), sie sind im Extremen erst ganz sie selbst (2), sie sind nicht ohne metaphysische und theologische Wahrheit da (3), sie haben ihr Sein als Sprachliches (4), sie sind geschichtlich und in nur historischer Perspektive offenbar (5).

Umschlag der Extreme

Damit ist für eine Interpretation Benjamins die Aufgabe gestellt, Geschichtsphilosophie, Religionsphilosophie und Erkenntnis der Realität in ihrer Identität darzustellen. Diesen genannten fünf Kriterien haben die Phänomene zu genügen, die erkannt werden können. Im «Ursprung des deutschen Trauerspiels» ist es der Souverän, der im bezeichneten Sinn Phänomen ist. Er ist nur im Zusammenhang einer Totalität der Konfiguration von Ideen mächtig, er ist Souverän erst im Extremen, als Tyrann, seine Stellung ist ohne theokratische Traditionen nicht haltbar, sein Sein ist, wie das barocke Trauerspiel zeigt, von der Beschlußunfähigkeit bestimmt, die nicht unabhängig von Sprachnot und Überbenennung zu verstehen ist, und er ist «der erste Exponent der Geschichte»[21]. Das geschichtliche Leben einer Epoche wirkt im Souverän. Aber es drückt sich nicht nur in ihm das geschichtliche Leben einer Epoche aus, sondern «der Souverän repräsentiert die Geschichte»[22]. Die Geschichte selbst in ihrer aktuellen Gestalt des Prozedierens, ihres Regresses, ihrer Zitation der Urgeschichte ist im Souverän repräsentiert. Staatsrechtliche Konsequenzen aus dem Ausnahmezustand des konfessionellen Bürgerkriegs haben zur Rechtfertigung des Souveräns geführt. In ihm findet sich der Auftrag einer völligen Stabilisierung im Widerspruch zum bestehenden Ausnahmezustand und eines ihm entsprechenden geschichtsphilosophischen Ideals: der Katastrophe[23].

Im *Umschlag dieser Extreme* von Anarchie und Despotie vollzieht sich die Geschichte, im Wechsel von Reformation und Gegenreformation. Im gegenreformatorischen Kampf wird Theokratie ein letztesmal mächtig zur Rechtfertigung des Souveräns als des Tyrannen. «Die Theorie der Souveränität, für die der Sonderfall mit der Entfaltung diktatorischer Instanzen exemplarisch wird, drängt geradezu darauf, das Bild des Souverän im Sinn des Tyrannen zu vollenden. Das Drama vollends läßt sich angelegen sein, die Geste der Vollstreckung zum Charakteristikum des Herrschenden zu machen[24].» Der Tyrann ist gerechtfertigt, wenn er die Züge eines Gottes trägt, dessen Liebe nicht weniger Schrecken verbreitet als sein Haß. Daß der Souverän der Antichrist ist, nimmt ihm nichts von seiner sakrosankten Stellung. «Es webte ein schreckliches Geheimnis nicht erst für dieses Zeitalter um den König[25].» Er ist so zerrissen wie ein Gott, der als Menschensohn durch ein Martyrium hindurchgeht. So ist der Souverän Tyrann und Martyrer zugleich und das eine um des anderen willen. Er ist damit Exponent einer Geschichte, der sich die verstörte Kreatur leidend hingibt oder der er die Utopie des befriedeten Daseins auf dem Weg der Diktatur abtrotzen will und so neue Bedingungen des Martyiums schafft. «Sache des Tyrannen ist die Restauration der Ordnung im Ausnahmezustand: eine Diktatur, deren Utopie immer bleiben wird, die eherne Verfassung der Naturgesetze anstelle schwankenden historischen Geschehens zu setzen[26].»

In statuarischen politischen Ordnungen gehört diese Identität von Ordnung und Anarchie des Schreckens zu den Prinzipien der Erhaltung, des Bestandes, ja zur Normalität. Insofern ist eine Normalität des Umschlags der Extreme jederzeit möglich. Erst die besonderen Bedingungen der europäischen Geschichte der Neuzeit an ihrem Anfang führen zum Verlust dieser Normalität, wenn die Geschichte selbst in der Verwandlung in den unendlichen Prozeß der Veränderung eine andere Qualität bekommen hat. Diese besondere Situation hat zur Unlösbarkeit des Problems der Ordnung geführt, weil die Gewalt der Reflexion die Naturwüchsigkeit des Umschlags von Despotie und Martyrium zerstört hat. Der Souverän verfällt der Reflexion, er wird zum «Emblem der verstörten Schöpfung»[27] selbst. Ihm fehlt die Naivität, der zu sein, der er im Augenblick objektiv ist. Er sieht sich selbst in aller Raserei und allem Trübsinn zu. So verfällt er der acedia, der Trägheit des Herzens und der Entscheidungsunfähigkeit. Zwar gibt es die Agenten der Normalität, die Intriganten, modern: die Politiker, aber ihre Wirksamkeit beschränkt sich auf die Phasen der Trägheit der Geschichte. Sie setzen die Trägheit und die Raserei der Geschichte in ihr Kalkül ein und können die Eruptionen ebensowenig aufhalten wie den Verfall. Der Grund dafür, daß die Geschichte den Charakter der Normalität des Schreckens verloren hat, ist für Benjamin die Reformation.

Die Reformation

«Während in den Jahrzehnten der gegenreformatorischen Restauration der Katholizismus mit der gesammelten Macht seiner Disziplin das profane Leben durchdrang, hatte von jeher das Luthertum antinomisch zum Alltag gestanden. Der rigorosen Sittlichkeit der bürgerlichen Lebensführung, die es lehrte, stand seiner Abkehr von den ‹guten Werken› gegenüber. Indem es die besondere geistliche Wunderwirkung diesen absprach, die Seele auf die Gnade des Glaubens verwies und weltlich-staatlichen Bereich zur Probstatt eines religiös nur mittelbaren, zum Ausweis bürgerlicher Tugenden bestimmten Lebens machte, hat es im Volke zwar den strengen Pflichtgehorsam angesiedelt, in seinen Großen aber den Trübsinn[28].»

Die Bedeutung der Reformation besteht in der Gebrochenheit und Vermittlungsbedürftigkeit des christlichen Lebens an das Politische. Die geschichtlich wirksamen Tendenzen der Trennung des profanen vom kultischen Leben sind bekannt: Es bildete sich der Gegensatz von bürgerlicher Gesellschaft und Staat aus. Daher wurde die Grundlegung des Staats zu einem Problem, das um so unlösbarer wurde, je mehr das Chaos der bürgerlichen Gesellschaft des Staats bedurfte. Denn der Staat kann ohne theokratische Begründungen nicht in einer mehr als pragmatischen Weise gerechtfertigt werden. Das führt zu der Frage, ob eine pragmatische Rechtfertigung den Staat auf Dauer tragen kann. Die Antwort auf diese Frage ist nicht abstrakt möglich, sondern nur im Blick auf die Philosophie der Menschen, die den Staat repräsentieren. Diese Menschen müßten die Großen eines Volkes sein, weil sie gegen das Volk das allgemeine Interesse für das Volk durchsetzen sollen. In ihnen aber waltet nicht das Amt unmittelbar sakrosankter Herrschaft, sondern eine unerträgliche Reflexion des Nutzens. Mit ihr kann kein Mensch anders als im Trübsinn und in Hektik leben.

An dieser Stelle hat der Begriff der Säkularisation seinen Ort. An ihm ist Benjamin von der kritischen Theorie zu trennen. Denn die kritische Theorie muß die Säkularisation wegen ihrer atheistischen Konsequenz als Fortschritt in der Wahrheit der Geschichte affirmieren und muß sie

als Verfall beklagen. Für Benjamin aber ist die Säkularisation ein Moment der Ethik des Luthertums. Ihr Ort ist da, wo das sittliche Leben nur mittelbar religiöse Bedeutung hat. Es liegt in dieser Forderung des Mittelbaren eine Anforderung an die Menschen, den bürgerlichen Tugenden des Alltags losgelöst von ewigen Meriten nachzukommen. Einen Rückweg in die Unmittelbarkeit der sakralen Totalität kann es nicht geben, wie das Scheitern des romantischen Ideals einer Naivität aus Raffinement zeigt. So liegt in der Mittelbarkeit des Luthertums die entgegengesetzte Tendenz zu «taedium vitae[29]». Die einzige christliche Alternative jener Zeit ist für Benjamin Hamlets Aufruhr der Vernunft gegen die Wirklichkeit des säkularisierten Lebens: «Was ist der Mensch...? Ein Vieh, nichts weiter[30].» Die Säkularisation fordert die Freisetzung der göttlichen Vernunft in uns.
Diese christliche Alternative war nicht die Antwort der Gegenreformation. Sondern der Mensch fand sich außer unmittelbarer religiöser Totalität nur noch der Natur gegenüber. Die Säkularisation hat daher die Natur als die einzige Macht der Geschichte inthronisiert. So ist die ganze neuzeitliche Geschichte als Säkularisation das Resultat einer falschen Konsequenz aus der Reformation, deren Grundwort die Vermittlung, nicht die Vollstreckung war. Die Revolution der religiösen Überzeugungen, die durch die Reformation geschichtliche Wirksamkeit gewonnen haben, hat für Benjamin Konsequenzen für den Begriff der Geschichte. Die Subjekte der Geschichte waren die Ordnungen theokratischer Totalität. Die in ihnen ungeschiedene sittliche und geschichtliche Praxis zerfällt in die bürgerliche Moralität des Berufs zur Naturveränderung auf der einen Seite und den totalen Feudalstaat auf der anderen, der keine prinzipielle Rechtfertigung mehr finden kann. Daher fallen für das Handeln des Souveräns und des Politikers alle sittlichen

Kategorien aus. Die Geschichte emanzipiert sich von der Sittlichkeit und damit von den Menschen überhaupt.

Säkularisation ist deshalb ein völlig unzutreffender Begriff, um den Modus der Geschichte zu bestimmen, der sich aus der Reformation ergibt. Das ist richtig gesehen worden: «Hinter der Säkularisationsthese steht keineswegs das Modell positiv gefaßter Emanzipation von geistesgeschichtlichen Mächten, sie erscheint schlicht objektiv, weil ... Benjamins eigene theologische Position im Verhältnis zu den christlichen Säkularisaten nicht bestimmt wird. Dies ist auch eine kaum überwindliche Schranke jeder immanenten Interpretation seiner Schriften[31].» Eine aus theokratischer Weltordnung und Heilsgeschichte entlassene Geschichte mit Säkularisation zu bestimmen, schlösse an die aufklärerische Überzeugung an, daß der Mensch, sei es als Gattung, sei es als Gesellschaft, die Verantwortung für die Geschichte besser übernehmen könne als unter dem Schutz heilsgeschichtlicher Authentizität. Von dieser aufklärerischen Überzeugung ist Benjamin weitestmöglich entfernt. «Denn nicht die Antithese von Geschichte und Natur, sondern restlose Säkularisierung des Historischen im Schöpfungsstande hat in der Weltflucht des Barock das letzte Wort. Dem trostlosen Laufe der Weltchronik tritt nicht Ewigkeit, sondern die Restauration paradiesischer Zeitlosigkeit entgegen. Die Geschichte wandert in den Schauplatz hinein[32].»

Säkularisierung bedeutet bei Benjamin nicht die Vermenschlichung und Verweltlichung religiösen, angemaßten Eigentums, sondern die Säkularisation bezieht sich auf die Rechtfertigung der Geschichte. Die Geschichte wird aus ihrer Antithese zur Natur verwandelt zum Schauplatz der religiös gedeuteten Natur als Schöpfung und Kreatur. Es liegt also geradezu eine Theologisierung der Geschichte vor. Säkularisierung ist ein Vollzug der Theologisierung. Das ist nur scheinbar ein Widerspruch.

Denn die Geschichte verliert den anthropomorphen Charakter, den in ihr zu sehen heilsgeschichtliche Perspektive erlaubte. Sie wird im Verlust global heilsgeschichtlicher Deutung nicht verständlicher, sondern verfällt der Konstellation des Kontingenten. Der Zuwachs an Kontingenz aber bringt nicht Autonomie, sondern kreatürliches, unbegreifliches, aber nicht zufälliges Leiden.

Der Versuch, diese neue Qualität der nachreformatorischen Geschichte auf den Begriff zu bringen, ist Benjamin nicht gelungen. Er verwendet den Begriff der Immanenz, um den Verlust des anthropomorph heilsgeschichtlichen Horizonts zu bezeichnen. Aber diese Immanenz ist ja selbst, wie die der Reformation zuzuordnende Mystik festhält, die Versenkung des Göttlichen ins Mikrologische und damit auch Verwirklichung der Natur Gottes. Darüber hinaus hat die Immanenz des qualitativen Jetzt die Philosophie der Aufklärung zur Theodizee geführt, in der Gottes Entlastung von der Geschichte durch die Indistenz auf seinem Recht geleistet wird, sich jedes geschichtliche Ereignis als seine Verwirklichung contra deum zuzurechnen. Die Theodizee ist eben, wie Benjamin von Cohen gelernt hat, nicht zufällig von dem Erfinder der Infinitesimalmethode entwickelt worden. «Wenn die Geschichte sich im Schauplatz säkularisiert, so spricht daraus dieselbe metaphysische Tendenz, die gleichzeitig in der exakten Wissenschaft auf die Infinitesimalmethode führte[33].» Die Geschichte als Schauplatz erzwingt eine neue Methode der Erkenntnis, denn die wichtigsten Voraussetzungen eines Begriffs der Geschichte sind nicht mehr gegeben: Teleologischer Geschichtsprozeß in der Zeit. Die Geschichte wird als Schauplatz mit den Mitteln der Erkenntnis räumlicher Strukturen darzustellen sein.

Stillstand der Dialektik

Stillstand der Dialektik meint bei Benjamin diese Verwandlung des Prozesses in den Schauplatz. Die Wahrnehmung der Geschichte ist deshalb durch Strukturen möglich. Der Stoff, auf den Erkenntnis der Geschichte sich richtet, sind daher die Phänomene im eingangs entwickelten Begriff ihrer Momente. Dieser Schauplatz der Phänomene aber wird anschaulich als Natur. Benjamin folgert aus der Säkularisierung der Geschichte deshalb, daß ihre Erfahrung nur noch in naturgeschichtlichen Kategorien möglich ist. Aus dieser Grundthese ziehen alle theologiefeindlichen Interpretationen Benjamins den Schluß, daß er auf materialistische Theorie festgelegt werden müsse. Auch für den Neomarxismus der Frankfurter Schule ist die von Benjamin übernommene These, die Geschichte als verlängerte Naturgeschichte[34] zu interpretieren, von konstitutiver Bedeutung. Aber diese Berufung auf Benjamin ist nur in einem sehr vordergründigen Sinn berechtigt. Denn die entscheidende Frage ist bei der Interpretation der Geschichte als Naturgeschichte, welchen Begriff von Natur man zugrunde legt. «Die Übertragung eines Begriffs der Natur in einen geschichtlichen stellt das zentrale Thema der Philosophie Benjamins dar[35].» Tiedemann verfehlt Benjamins These von der falschen Entgegensetzung von Natur und Geschichte[36]. Es handelt sich nicht um Übertragungen Benjamins; denn dann wäre der Vorwurf des Subjektivismus berechtigt. Richtig ist vielmehr, daß Benjamin eine Veränderung im Modus von Geschichte selbst geschichtlich begreifen will. Diese Veränderung hängt mit der reformatorischen Verwandlung der Welt des Menschen in ihre Profanität zusammen. Diese Profanität, das ist ein von Adorno richtig angeeignetes Moment, läßt den Menschen mit seiner Physisnatur allein konfrontiert sein. «Da im Sinne des Zeitalters alles historische Leben der Tugend abging, so wurde sie bedeutungslos auch für das Innere der dramatischen Personen selbst. Sie ist nie uninteressanter erschienen als in den Helden dieser Trauerspiele, in denen nur der physische Schmerz des Martyriums den Anruf der Geschichte erwidert[37].» Mit diesem Hinweis auf die quälbaren Leiber (Adorno, Brecht) als der Erwiderung auf den Anruf der Geschichte ist nur ein Moment der Natur gegeben, die Benjamin sichtbar machen will.

Aber für die gesamte Philosophie Benjamins hat sich die hier zutage tretende Ausklammerung der Sittlichkeit ausgewirkt, wenngleich die nicht explizierte Voraussetzung des Trauerspielbuchs selbst noch eine die Sittlichkeit einschließende Philosophie ist. Die Heilsunerheblichkeit des sittlich guten Lebens sollte die Selbstgerechtigkeit und ihre kultischen Sanktionen unmöglich machen; aber eine mittelbare Rechtfertigung der Sittlichkeit hätte in der Tendenz der geschichtlichen Verwirklichung des Luthertums gelegen. Im Gegensatz dazu hat Benjamin nur noch von der Möglichkeit von Menschen Zeugnis gegeben, sich kollektiv in einem Umgang mit den Rudimenten, den Versteinerungen der Geschichte im Stillstand zu üben und ihrer Trauer durch Ostentation zu genügen[38]. Eine nichtimmanente Kritik Benjamins müßte an die Mittelbarkeit des sittlichen Lebens anknüpfen, auf eine politische Gestalt der Verwirklichung des guten Lebens drängen und der Überzeugung von der sittlichen Untauglichkeit des Menschen, der durch die Hölle des 19. Jahrhunderts hindurch ist, mit Gründen widersprechen können. Eine nicht-immanente Benjamin-Kritik müßte ethische Kritik sein. Benjamin selbst hat als Konsequenz der Irrealität des Sittlichen gefolgert, daß die physische Nähe der Menschen zu meiden ist.

Benjamin selbst gibt Einblicke in den Schauplatz versteinerter Geschichte, von denen im folgenden andeutungsweise die Rede sein soll. Ein erstes wichtiges Phänomen ist der Stein[39]. Den weiten naturgeschichtlichen Horizont dieses Phänomens gäbe eine Theorie der Baustoffe ab. Im Barock ist der Stein Sinnbild der Acedia, der fünften Todsünde. «Aber denkbar ist es sehr wohl, ja angesichts der Stelle bei Albertinus nicht unwahrscheinlich, daß mit der trägen Masse auf den eigentlich theologischen Begriff des Melancholikers angespielt ist, der in dem einer Todsünde vorliegt. Das ist die Acedia, die Trägheit des Herzens[40].»

Ein zweites wichtiges Phänomen ist der Hund. Auch er Requisit erstarrter Urlandschaft und Urgeschichte der menschlichen Seele. Gemeint sind die fürchterlichen Träume des Hundes und sein Blick, der des Grüblers[41].

Ein weiteres naturgeschichtliches Phänomen ist das Buch. Mit der Theorie des Buchs führt Benjamin am nächsten heran an das, was den Modus der Geschichte als Schauplatz am ehesten ausdrückt. Denn am eindringlichsten anschaulich ist der neue Modus der Geschichte im Schriftbild. In ihm durchdringen sich optische Konstellation und solche des Sinns. Für das Barock war das Schriftbild der eigentliche Schauplatz der Geschichte. Das Buch als naturgeschichtliches Phänomen macht zugleich deutlich, daß der hier zugrunde liegende Naturbegriff das eigentliche Interpretationsproblem der Geschichtsphilosophie ist. «Nicht zuletzt galt das Buch als immerwährendes Monument auf dem schriftreichen Naturschauplatze[42].»

Die Schwierigkeit, diese Inbeziehungsetzung zu begreifen, liegt darin, daß Benjamin nicht nur Veränderungen in unserer Wirklichkeitserfahrung aufzeigt, sondern daß die Geschichte mit der Wirklichkeitserfahrung eines welthistorischen Schauplatzes identisch ist. Im Zeitalter des Barock ist die Erfahrungsweise der Menschen verändert worden. Im 17. Jahrhundert war diese Veränderung noch fremd genug, um wahrgenommen zu werden. Diese Veränderung als eine Veränderung der Qualität von Geschichte selbst zu erkennen, war für Benjamin die große Leistung des barocken Trauerspiels. «Wenn mit dem Trauerspiel die Geschichte in den Schauplatz hineinwandert, so tut sie es als Schrift[43].» Die eigentümliche Betrachtungsweise der Realität seit dem Barock nennt Benjamin allegorisch, und den anthropologischen Typus, den Autor dieser Realitätserfahrung, nennt er den Melancholiker. Diese beiden Begriffe erläutern seinen Naturbegriff. «Mit einer sonderbaren Verschränkung von Natur und Geschichte tritt der allegorische Ausdruck selbst in die Welt[44].»

Das Verhältnis von Natur und Geschichte ist nicht einseitig zu fassen, als ob die Säkularisation der Heilsgeschichte dazu führe, daß Naturgeschichte als das Übergreifende erkannt wird. So wie Geschichte in Naturphänomenen dargestellt und erkannt wird, so ist nicht unmittelbar sinnliche Naturerfahrung authentisch, sondern die allegorisch transformierte. «Denn dem Barock gilt die Natur als zweckmässig für den Ausdruck ihrer Bedeutung, für die emblematische Darstellung ihres Sinnes, die als allegorische unheilbar verschieden von seiner geschichtlichen Verwirklichung bleibt. Geschichte galt in den moralischen Exempeln und den Katastrophen nur als ein stoffliches Moment der Emblematik. Es siegt das starre Antlitz der bedeutenden Natur, und ein für allemal soll die Geschichte verschlossen bleiben in dem Requisit[45].»

Todverfallenheit

Natur ist nicht die leiblich-sinnliche, auch nicht die verwissenschaftlichte, sondern sie wird von der Bedeutung her verstanden. Die sinnliche Natur verhält sich zu ihrer Bedeutung als Ausdruck, und zwar als zweckmäßiger Ausdruck ihrer Bedeutung. Die Bedeutung der Natur ist die *Todverfallenheit.* Daher ist die sinnlich erfahrene Natur nur Darstellung ihres Sinns. In dem Begriff des Symbols wird eine Theorie der Identität von sinnlicher und bedeutender Natur entwickelt. Im Gegensatz dazu ist die allegorisch gedeutete Natur unheilbar. Sie ist gespalten in Erscheinung und Sinn. Die bedeutende Natur verweist nicht unmittelbar auf organischen Lebenszusammenhang, sondern sie ist geschichtlich verformt. Sie verweist nicht auf lebendige Totalität, sondern zeugt für einen Bruch von Erscheinung und Sinn; dieser Ausdruck ist der der Todesstarre. Daher sind im Barock die Leiche, der Totenkopf, der Fischkopf, die Münze, die Uhr, die Bibliothek und vieles andere solche Requisiten, in denen die unheilvolle Spaltung der Natur zum Ausdruck kommt. Dieser Ausdruck der Starre wird dann dargestellt, wenn die Arbeit der Geschichte an der Natur zur Erstarrung geführt hat.

Diese Naturerfahrung nennt Benjamin spezifisch deutsch. Es ist die unbegnadete, die gefallene Natur. «Diejenige Natur aber, in welche das Bild des Geschichtsverlaufes sich eindrückt, ist die gefallene ... Die Dinge tragen auf der Vollmacht ihres allegorischen Bedeutens das Siegelbild des Allzu-Irdischen[46].» Die Verschränkung von Natur und Geschichte hat ihre Interpretation in der theologischen Lehre vom Sündenfall. Die Geschichte ist jener Verfall der Natur. Dieser Verfall ist ein Verfall der Ordnung der Natur, des hierarchischen Prinzips oder des organisch-funktionalen Zusammenhangs. Die Dinge wer-

den als einzelne unbedeutend. Sie sind austauschbar, und ihr Bestehen ist bloßer Bestand. Ihr Werden ist ebensowenig gerechtfertigt wie ihr Untergang.
«Dieser Umstand führt auf die Antinomien des Allegorischen, deren dialektische Abhandlung sich nicht umgehen läßt ... Jede Person, jedwedes Ding, jedes Verhältnis kann ein beliebiges anderes bedeuten. Diese Möglichkeit spricht der profanen Welt ein vernichtendes, doch gerechtes Urteil: Sie wird gekennzeichnet als eine Welt, in der es aufs Detail so streng nicht ankommt. Doch wird, und dem zumal, dem allegorische Schriftexegese gegenwärtig ist, ganz unverkennbar, daß jene Requisiten des Bedeutens alle mit eben ihrem Weisen auf ein anderes eine Mächtigkeit gewinnen, die den profanen Dingen inkommensurabel sie erscheinen läßt und sie in eine höhere Ebene hebt, ja heiligen kann. Demnach wird die profane Welt in allegorischer Betrachtung sowohl im Rang erhoben wie entwertet. Von dieser religiösen Dialektik des Gehalts ist die von Konvention und Ausdruck das formale Korrelat[47].»
Die Dialektik der Natur müßte von Benjamin aus ganz anders bestimmt werden, als die Imputation Darwins in den Marxismus durch Engels gelehrt hat. Diese Dialektik in theologischem Kontext ist das Eigentümliche der Profanität. Die Beliebigkeit des Bedeutens entfremdet die Realien vom Sinn. Die Entfremdung vom Sinn setzt alles in eine vernichtende Freiheit. Aber diese Freiheit gibt den Dingen unter allegorischem Blick ein vieldeutiges Verweisen. Damit unterliegt Natur der Geschichte ihrer Bedeutung. Die Konvention tritt an die Stelle naturwüchsiger Bedeutung. Dies ist für Benjamin der Ort der unendlich wuchernden Gelehrsamkeit innerhalb der Dialektik der Natur. «Die Lautsprache ist demnach der Bereich der freien, ursprünglichen Äußerung der Kreatur, wogegen das allegorische Schriftbild die Dinge in den exzentri-

schen Verschränkungen der Bedeutung versklavt[48].» Die exzentrischen Verschränkungen der Bedeutung charakterisieren die Gelehrsamkeit, deren Ausdruck Benjamin als allegorisch bestimmt, d. h. als den Ausdruck der Versklavung der Natur unter die beliebige Zitation gemäß den Methoden des Bedeutens. Die Geschichte der Natur unter dem Gesetz ihrer Bedeutung ist für Benjamin eine Geschichte der Selbstentfremdung der Natur, die die barocke Gelehrsamkeit vorweggenommen hat, wenn auch nicht als Naturwissenschaft, so doch als die Geschichte der Kreatur selbst.

Der Natur wird die Bedeutung abgezwungen. Das ist ebenso ein Prozeß ihrer Zerstörung wie der Verwandlung. Es «verwandelt mit einem Schlage der allegorische Tiefblick Dinge und Werke in erregende Schrift ... Das Bild im Feld der allegorischen Intuition ist Bruchstück, Rune. Seine symbolische Schönheit verflüchtigt sich, da das Licht der Gottesgelehrtheit darauf trifft. Der falsche Schein der Totalität geht aus ... In den dürren rebus, die bleiben, liegt Einsicht, die noch dem verworrenen Grübler greifbar ist[49].» Theologie könnte exoterisch werden, ohne der Biologie zu verfallen, hätte sie Platz für den Grübler, der den Bruchstücken der Natur Einsicht in den Stand der Kreatur abgewinnt. Benjamin spricht von dem Abgrund zwischen bildlichem Sein und Bedeuten[50], in den sich zu versenken eine dialektische Anstrengung fordert. Diese dialektische Anstrengung müßte die unaufhebbare Differenz von Sein und Sinn wahren und dennoch deuten und retten. Von der Dialektik Hegels ist diese unterschieden, weil sie die Totalität für falschen Schein hält. Daher ist das Medium dieser Dialektik nicht der Begriff, sondern die Versenkung in die erstarrte Urlandschaft der Geschichte.

Der Melancholiker

Der Betrachter dieser gefallenen Natur ist deshalb für Benjamin nicht der Philosoph oder Wissenschaftler, sondern *der Melancholiker.* Die Dialektik der Versenkung und Deutung ist für Benjamin kein methodologisch lösbares Problem, sondern durch die Naturverfallenheit des Melancholikers vorweg entschieden. Der Melancholiker partizipiert an der Natur; er steht nicht vor der Frage, erkennendes Subjekt gegenüber dem Objekt Natur-Geschichte zu sein, sondern er ist selbst ein Teil von ihr. Benjamin hat in großartiger Weise die Züge des Melancholikers nachgezeichnet, die christliches Mittelalter und Gegenreformation ihm als politischen Typus gegeben haben. Für den Melancholiker und die bedeutende Natur trifft die Abstraktion des Methodensubjekts der Erkenntnis vom Gegenstand nicht zu. Bei der Erkenntnis der Naturgeschichte der Kreatur ist das Postulat der Verallgemeinerung und Gültigkeit für alle Subjekte unsinnig. Philosophisch-theologische Erkenntnis wird durch Benjamin wieder zu einer Kunst.

Es ist ein notwendiger Einwand gegen Benjamin, daß ohne Totalität keine Erkenntnis der Realien möglich ist. Benjamin antwortet darauf mit dem Bild der Ruine. Die Ruine ist Totalität im Zerfall, negative Totalität. Ruine ist sie nur für den Wissenden des Ganzen, dessen Torso sie ist.

«Wenn mit dem Trauerspiel die Geschichte in den Schauplatz hineinwandert, so tut sie es als Schrift. Auf dem Antlitz der Natur steht ‹Geschichte› in der Zeichenschrift der Vergängnis. Die allegorische Physiognomie der Natur-Geschichte, die auf der Bühne durch das Trauerspiel gestellt wird, ist wirklich gegenwärtig als Ruine. Mit ihr hat sich sinnlich die Geschichte in den Schauplatz verzogen. Und zwar prägt, so gestaltet, die Geschichte nicht

als Prozeß eines ewigen Lebens, sondern als Vorgang unaufhaltsamen Verfalls sich aus... Allegorien sind im Reiche der Gedanken, was Ruinen im Reiche der Dinge. Daher der barocke Kultus der Ruine[51].»
Die Theorie einer negativen Totalität im dialektischen Bild der Ruine war für Benjamin kein spekulativ gemeinter Einwand gegen Hegel, sondern sollte die Evidenz aus dem geschichtlichen Zustand der Geschichte selbst gewinnen. Die Genese dieses neuen Modus der Geschichte aus der politischen Theologie der Reformation zu entwickeln, war Aufgabe des Trauerspielbuchs. Diese Geschichte kann auch nach Benjamin nicht begrifflich gedacht oder als Totalität vorgestellt werden, sondern nur eine allegorische Physiognomik finden. Philosophie hat es deshalb nicht mehr mit Begriffen, sondern mit Allegorien zu tun. In ihnen drücken sich dialektische Bilder unaufhaltsamen Verfalls aus. Eine spekulative Kritik dieser Abkehr der Philosophie vom Begriff und der auf den Begriff angewiesenen Vernunft ist erst dann sinnvoll, wenn zuvor verstanden ist, welche Evidenz der Geschichtsprozeß hat, der die Vernunft nur noch in Allegorien reden läßt. Die Evidenzen dieser Natur-Geschichte sind Trauer und Verfall.

Trauer

Die Trauer ist nach Benjamin nicht gegen Vernunft und geschichtliche Verantwortung evident, sondern die Herkunft der Trauer folgt aus der Korruption des Geistes, der als politische Gewalt wirken wollen muß. Trauer um des schrankenlosen Kompromisses willen, den Vernunft schließen muß, um zu wirken: «Geist ist das Vermögen, Diktatur auszuüben... Seine Praxis führt über den Weltlauf eine Ernüchterung mit sich, deren Kälte nur mit der hitzigen Sucht des Machtwillens an Intensität sich vergleichen läßt. Die derart errechnete Vollkommenheit weltmännischen Verhaltens weckt in der aller naiven Regungen entkleideten Kreatur die Trauer... Die schlechthin uneigentliche Einlösung der Heiligkeit in der Stimmung der Trauer gibt dann den schrankenlosen Kompromiß mit der Welt frei[52].»

Trauer ist eine Gestimmtheit der Kreatur. Diese Stimmung ist die Voraussetzung des schrankenlosen Kompromisses. Die Trauer ist aber keine über die Weltlichkeit der Welt, sondern sie ist Einlösung der Heiligkeit unter höllischen Bedingungen. In der im Barock noch evidenten Sprache der Theologie ist die Trauer falsche Heiligkeit, eine Provinz des Satansreiches. Nur die Teufelsfratze der Lustigkeit gibt der Trauer ihre Gravität. Die Ostentation der Trauer steht daher den Herrschenden eher an als die Lustigkeit[53]. Trauer ist wahr als Klage gegen den Tod[54]. «Soviel Bedeutung, soviel Todverfallenheit, weil am tiefsten der Tod die zackige Demarkationslinie zwischen Physis und Bedeutung eingräbt. Ist aber die Natur von jeher todverfallen, so ist sie auch allegorisch von jeher[55].» Bedeutung ist deshalb der Grund der Trauer[56].

In der Trauer hängen also alle Momente der Theorie Benjamins zusammen. Die todverfallene Natur zwingt dazu, Sinn von Physis abzuspalten. In einer leeren, d. h. nicht unmittelbar heilsgeschichtlich erfahrenen Welt legt sich Geschichte an dieser Natur aus. Trauer ist ein Gefühl für die leere Welt, aber dieses Gefühl ist nicht subjektivistisch. Es erwidert «als motorisches Gebaren einen gegenständlichen Aufbau der Welt»[57]. Es ist eine Intention «auf der Bahn im Gegenstand selbst»[58]. «Trauer ist die Gesinnung, in der das Gefühl die entleerte Welt maskenhaft neu belebt, um ein rätselhaftes Genügen an ihrem Anblick zu haben[59].» Die Trauer ist die mimetische

Tätigkeit, die menschliches Fühlen mit der geschichtlich verformten Natur verbindet. Sie ist das Kennzeichnende der Kreatur überhaupt. Trauer ist «ein vom empirischen Subjekt gelöstes und innig an die Fülle eines Gegenstands gebundenes Fühlen»[60]. Dieses Fühlen ist die unmittelbare Präsenz der Wirklichkeit, sowohl der geschichtlichen als auch der physischen, im Ich. Dieses mimetische Einssein mit aller Kreatur bezieht sich auf die Wirklichkeit des Verfalls. «Das ist der Kern der allegorischen Betrachtung, der barocken weltlichen Exposition der Geschichte als Leidensgeschichte der Welt; bedeutend ist sie nur in den Stationen ihres Verfalls[61].»

Ernst Bloch mußte deshalb *Benjamin* fremd bleiben. Es ist die Frage, ob die Position der Hoffnung oder der Trauer in Bloch und Benjamin einfach Zustimmung findet, jeweils gemäß einer optimistischen oder pessimistischen Disposition des Gemüts. Benjamin intendierte mehr als die Schilderung eines pessimistischen Lebensgefühls im Barock. Er ist zwar streng in den Grenzen authentischer historischer Dokumente geblieben.

«So ist, wenn man will, die Natur auch den Dichtern dieser Periode die große Lehrmeisterin geblieben. Aber ihnen erscheint sie nicht in der Knospe und Blüte, sondern in Überreife und Verfall ihrer Geschöpfe. Natur schwebt ihnen vor als ewige Vergängnis ... Mit dem Verfall, und einzig und allein mit ihm, schrumpft das historische Geschehen und geht ein in den Schauplatz. Der Inbegriff jener verfallenden Dinge ist der extreme Gegensatz zum Begriff der verklärten Natur[62].»

Die Bestimmungen Benjamins sind streng auf das 17. Jahrhundert bezogen. Aber in diesem Jahrhundert findet er den Anfang einer Geschichte, in deren Kontinuität der Stationen auch wir noch stehen. Die natur- und geschichtsphilosophischen Resultate sind daher die Voraussetzungen seiner Theorie der Realität des 19. und 20.

Jahrhunderts. Die Evidenz der Geschichte des Verfalls kann also naturphilosophisch erbracht werden. Überprüft werden kann diese Theorie nur bei einer vergleichbaren Versenkung in die Realien selber.

Blochs Philosophie, die ebenso naturphilosophisch den Nachweis einer ontologisch fundierten Hoffnung erbringen will, ist Benjamin diametral entgegengesetzt. «Bloch verwandelt den Marxismus als revolutionäre Theorie zurück oder weiter in eine Ontologie des Nochnichtseins[63].» Diese Ontologie hat ihre Naturbasis in sinnlicher Natur und ihrem nach Bloch anfänglichen Drang, dem Hunger[64]. Ontologiefähig ist für Bloch also die Physisnatur. Benjamins geschichtlich gewordenes Sein der Natur verändert aber eine Ontologie so, daß sie nicht nur auf die sinnlich lebendige beschränkt bleiben kann. Habermas kritisiert daher Blochs Ontologie als eine Projektion der Jugendbewegung in die Natur. «Jugendbewegung kann nicht auf eben die seriöse Art eines Biedermeier altmodisch werden[65].» Bloch selber legt es nahe, seine Ontologie als Projektion menschlicher Aktionen in die Natur zu verstehen, wenn er die Befreiung der Natur von einer Befreiung der Gesellschaft, auch mit «leninistischer Strategie und Gewalt»[66], abhängig macht. «Die gesellschaftspolitisch errungene Freiheit werde sich naturpolitisch fortsetzen[67].»

Blochs Versuch, der gesellschaftspolitischen Praxis einen militanten Optimismus auf Dauer mitzugeben, und zwar durch eine Fundierung des Drangs im Hunger der Physisnatur selbst, steht in dem Widerspruch[68], daß die erlöste Natur erst durch gesellschaftspolitische Praxis freigesetzt werden soll. Er kehrt damit Benjamin vollständig um: Naturgeschichte ist verlängerte Menschengeschichte. Damit ist aber der Materialismus nur scheinbar. «Zuletzt also bleibt die wendbare Alternative zwischen absolutem Nichts und absolutem Alles ... in Wahrheit ist das alles selber nichts als Identität des zu sich gekommenen Menschen mit seiner für ihn gelungenen Welt[69].» Blochs vermeintlicher Materialismus ist eine subjektivistische Einlösung der Schellingschen Identitätsphilosophie.

Benjamin dagegen hat nicht den desperaten Versuch gemacht, die eroshafte Leibnatur ontologisch herzurichten, um einen schlechten Praxissubjektivismus zu kaschieren. Blochs Zweideutigkeit im Naturbegriff kontrastiert unmittelbare Natur selbst mit der erlösten am Ende der Geschichte. Bloch umgeht damit das Problem der Subjektivität. Benjamin dagegen faßt Natur- und Religionsphilosophie im Problem der Subjektivität zusammen. Während Bloch die marxistische Utopie der Aufhebung der Herrschaft von Menschen über Menschen nur um den Preis der Umgehung des Subjektivitätsproblems durch einen zweideutigen Naturbegriff in seiner Philosophie bewahrt, hat Benjamin gesehen, daß die Abschaffung von Herrschaft mit der Depersonalisierung zusammenfällt. Daher ist seine Naturphilosophie als Weg des Menschen auf der Bahn im Gegenstand selbst ihrer Abhängigkeit von der Subjektivität geständig. Die gefallene Kreatur ist die durch Subjektivität verwandelte. Benjamin schließt daher authentischer als Bloch an Schelling an.

«Als Wissen führt der Trieb in den leeren Abgrund des Bösen hinab, um dort der Unendlichkeit sich zu versichern[70].» Der unendliche Trieb ist nicht der befreiende, sondern der böse. Im Bösen konvergieren Natur und Geschichte im Subjekt. Der reale religionsphilosophische Kern der Benjaminschen Philosophie ist die Notwendigkeit des Bösen. Das Böse ist nicht die Natur, von der sich der Mensch spiritualistisch befreien soll, nicht das Ensemble gesellschaftlicher Verhältnisse, sondern es ist die Subjektivität des Subjekts selber.

Zur Verdeutlichung sollen noch einmal die wichtigsten Belege zitiert werden: «Die ungeheure widerkünstlerische

Subjektivität in dem Barock schießt hier zusammen mit der theologischen Essenz des Subjektiven. Die Bibel führt das Böse unter dem Begriff des Wissens ein[71].» Die gesellschaftspolitische Praxis führt nicht zur Erlösung der Natur, sondern zieht die Natur in die Geschichte des Bösen hinein. «Und während mit dem irdischen Gericht sich tief die schwanke Subjektivität des Urteils mit Strafen in der Wirklichkeit verankert, kommt in dem himmlischen der Schein des Bösen ganz zu seinem Recht. Dort kommt die eingestandene Subjektivität zu dem Triumphe über jede trügerische Objektivität des Rechts und führt als ‹Werk der höchsten Weisheit und der ersten Liebe›, als Hölle, der göttlichen Allmacht sich ein. Sie ist nicht Schein, ebensowenig aber gesättigtes Sein, sondern die wirkliche Spiegelung der leeren Subjektivität im Guten. Im schlechthin Bösen greift die Subjektivität ihr Wirkliches und sieht es als die bloße Spiegelung ihrer selbst in Gott[72].»

Die in diesen wenigen Sätzen enthaltene *Theodizee* ist von Schelling voll entwickelt worden. Benjamin nimmt aber hier einen Gedanken hinzu, der über Theodizee hinausreicht: das *Gericht*. Bei Bloch hält die rohe Natur Gericht über die verdorbene Subjektivität, und die Revolutionäre halten Gericht über eine gefallene Natur. Sein Atheismus soll einen «Grundriß eines künftigen Reiches der Freiheit»[73] leisten. Benjamin dagegen ist dieses Gericht der Menschen die Hölle, Verwirklichung des schlechthin Bösen. Nur eine religiöse, nicht eine atheistische «humane» Praxis der Befreiung ist möglich. Das «himmlische Gericht» gibt der leeren Subjektivität ihren Inhalt: das Gute. So treibt bei Benjamin nicht die Hoffnung Natur und Geschichte aus ihrer Todverfallenheit, sondern das Werk der Rettung ist Rettung der wirklichen Vergangenheit, nicht die Erfüllung des Uneingelösten, Versprochenen in ihr.

Anmerkungen

1 R. Tiedemann: Studien zur Philosophie Walter Benjamins, a. a. O.
2 W. Benjamin: Ursprung des deutschen Trauerspiels, Frankfurt 1963, 9
3 A. a. O. 40
4 A. a. O. 30, Benjamins Unkenntnis Hegels wirkt sich hier aus
5 A. a. O. 10
6 A. a. O. 11
7 A. a. O. 12
8 A. a. O. 13
9 A. a. O. 15
10 A. a. O.
11 A. a. O. 31
12 A. a. O. 45
13 A. a. O. 98
14 A. a. O. 175
15 A. a. O. 16
16 A. a. O. 17
17 A. a. O. 8
18 A. a. O. 18
19 Tiedemann, a. a. O. 134
20 Benjamin, a. a. O. 32
21 A. a. O. 51
22 A. a. O. 54
23 A. a. O. 55 f.
24 A. a. O. 60 f.
25 A. a. O. 61
26 A. a. O. 66
27 A. a. O. 61
28 A. a. O. 149
29 A. a. O. 150
30 A. a. O. 149 f.
31 B. Lindner: Naturgeschichte. Geschichtsphilosophie und Welterfahrung in Benjamins Schriften, in: Text und Kritik, Zeitschrift für Literatur 31/32, Oktober 1971.
32 Benjamin, a. a. O. 89
33 A. a. O. 90
34 Tiedemann, a. a. O. 95
35 A. a. O. 60 f.
36 Benjamin, a. a. O. 89
37 A. a. O. 88

38 A. a. O. 125 f.
39 A. a. O. 168
40 A. a. O. 170
41 A. a. O. 166 ff.
42 A. a. O. 153
43 A. a. O. 197
44 A. a. O. 184
45 A. a. O. 188 f.
46 A. a. O. 200
47 A. a. O. 193
48 A. a. O. 228
49 A. a. O. 195
50 A. a. O. 182
51 A. a. O. 197
52 A. a. O. 98
53 A. a. O. 135
54 A. a. O. 148
55 A. a. O. 183
56 A. a. O. 236
57 A. a. O. 151
58 A. a. O.
59 A. a. O. 150
60 A. a. O. 151
61 A. a. O. 183
62 A. a. O. 199
63 G. Rohrmoser: Emanzipation und Freiheit, München 1970, 314
64 E. Bloch: Das Prinzip Hoffnung, 1. Band, Frankfurt 1967, 49 f. vgl. J. Habermas: Ein marxistischer Schelling. Zu Ernst Blochs spekulativem Materialismus, in: «Theorie und Praxis», Neuwied, [2]1967
65 Habermas, a. a. O. 341
66 A. a. O. 348
67 A. a. O. 346
68 Vgl. Rohrmoser: Emanzipation und Freiheit, a. a. O.
69 Bloch, a. a. O. 364
70 Benjamin, a. a. O. 262
71 A. a. O. 265
72 A. a. O. 266
73 Habermas, a. a. O. 338

ERZIEHUNG UND KINDHEIT

Ein wichtiger Aspekt des Gesamtwerks Benjamins ist seine Arbeit an einer Theorie der Kindheit und Erziehung. Bisher fehlt eine Darstellung dieses Zusammenhangs völlig. Benjamin weicht in seiner Fragestellung ebenso esoterisch wie bedeutend von den Programmen einer funktionalistischen Erziehung ab. Im folgenden sollen in einem ersten Zugang die wichtigsten theoretischen Vorentscheidungen der Benjaminschen Theorie der Kindererziehung aufgezeigt und seine Position auch in ihrer polemischen Zuspitzung deutlich gemacht werden.

Die Situation, in der Benjamin sich der Theorie der Kindheit zuwandte, ist zum Teil auch heute aktuell. Es gab die Tendenz einer Politisierung der Kindererziehung, in der es um die Erziehung zu einem bestimmten Klassenbewußtsein ging oder gar um Züchtung eines neuen Menschengeschlechts. Wenn man der politischen Orientierung der Erziehung ausweichen und die Ziele nicht politischen Strategien entnehmen wollte, mußte man die Kriterien der Erziehung der Kindlichkeit des Kindes gemäß entwickeln und fand hier die sog. Reformpädagogik am Werke. In ihr sah Benjamin einen unausgetragenen Konflikt der Ziele. Die zunächst unvereinbar erscheinenden Ziele der Kindgemäßheit und der Vergesellschaftung des Kindes erwiesen sich aber in beruhigender Weise als vereinbar, weil die für kindgemäß ausgegebene Permissivität und das immer wirksamer funktionierende Arrangement der Lern- und Verhaltensmotivationen mit den Lebensbedingungen einer reicher werdenden Gesellschaft harmonierte. Das Problem ist dann, ob es eine eigene Freiheit von Kindern gibt, die mit der Lenkungsbedürftigkeit vereinbar ist. Benjamin hat daraus kein abstraktes Problem gemacht, sondern konkrete Vorschläge aufgegriffen. Es ist ein Versuch, totalitären Gesellschaften mit List die Herrschaft über die Kindererziehung zu entziehen. Benjamin glaubte, daß das bei der Linken am ehesten möglich sei und nannte daher seine Vorschläge «proletarische Erziehung».

Diese Vorschläge machte Benjamin mit einem wehmütigen Rückblick auf eine gesellschaftliche Situation, in der die Familie eine erzieherische Lebenseinheit war. Die Empfindungen, die heute Erziehungswissenschaftler und ihre Studenten zwingen, den Begriff «Eltern» durch den Begriff «heterosexuelle Dauerpflegepersonen» zu ersetzen oder die Unnachgiebigkeit, mit der sie darauf bestehen, daß es die hegelsche Familie nie gegeben habe, findet man bei Benjamin nicht. Aber er hat dennoch aus den veränderten Lebensbedingungen der Familie den Schluß gezogen, daß gesellschaftlichen Institutionen die Aufgabe der Erziehung zufällt. Dann muß das, was in den Familien unausgesprochen bleiben konnte, programmatisch werden. Deshalb dringt der technologische Problemlösungsstil auch bei dem gesellschaftlichen Problem «Erziehung» immer weiter vor. Damit ist das zweite Problem Benjamins bezeichnet: wie ist es bei der Vergesellschaftung der Erziehung zu verhindern, daß nur noch technologische Probleme formulierbar sind. Benjamin beginnt daher mit einer Analyse der Jugendbewegungen, in denen in der Jugend die Subjektivität gegen die technologische Gesellschaft rebelliert.

Metaphysik der Jugend

Die Rebellion gegen die Wirklichkeit führte die Jugendbewegungen von 1914 und 1939 zweimal in diesem Jahrhundert zur Exekution des Verfalls, gegen den sie rebellierte. Die Katastrophe war ihnen rettende Idee und grauenhafte Vollstreckung. Benjamin gehörte zu den Protagonisten der Jugendbewegung von 1914. Aber Chauvinismus und Kriegsbegeisterung der meisten trennten ihn von der Jugendbewegung. Seine Kritik an der Studentenschaft geht dahin, daß «diese Studentenschaft ständig und ständig im Schlepptau der öffentlichen Meinung, in ihrem breitesten Fahrwasser dahinzieht, in dem sie das von allen Parteien und Bünden umschmeichelte und verdorbene Kind ist»[1]. Der Opportunismus der Jugend ist konstitutionell. Er geht hervor aus der berufsbezogenen Ausbildung, die akzeptiert wird und der die vorberufliche Phase des Lebens als die freie des Genusses entgegengestellt ist. Diese Freiheit der Jugend ist Angst vor und gemütsruhiges Paktieren mit dem verachteten bürgerlichen Leben, das unvermeidlich eigene Zukunft ist (19). Die sexuelle Freiheit der Jugend ist daher negative Mimikry der verhaßten bürgerlichen Ehe (17). Die Jugendbewegung rettet nur den Schein der Jugend, während als Realität die bürgerliche Verantwortung erkannt wird (20).

Wie aber hätte die wahre Jugend zu leben? Die wichtigste Aufgabe der Jugend wäre die Erkenntnis. Diese Erkenntnis wäre der Inhalt einer bestimmten Lebensform, des wissenschaftlichen Lebens. Das wissenschaftliche Leben wäre zu begründen als eine Gemeinschaft von Erkennenden. In ihr würde nicht kritischer Intellektualismus herrschen, sondern eine innere Einheit in Universalität (10). «Jeder Leistende strebt nach Totalität, und der Wert einer Leistung liegt eben in ihr, also darin, daß das ganze und ungeteilte Wesen eines Menschen zum Ausdruck kommt (12).» Diese «philosophische Gemeinschaftsform» wäre die «Stätte der beständigen geistigen Revolution» (16).

Es bleibt aber bei den nur formalen Bestimmungen der Lebensform und führt zum Revolutionismus. Die Jugendbewegung kann nicht als «gestaltlose Fortschrittstendenz», als Reformismus existieren, ohne der jeweiligen Aktualität der Inhalte zustimmen zu müssen, die gerade als fortschrittlich proklamiert werden. Benjamin nennt die eigenen Inhalte im Unterschied zu den opportunistischen des Fortschrittsklimas metaphysisch. Die Inhalte müßten einem metaphysischen Blick auf die eigene Realität sich zu erkennen geben. Es ist der Blick der Jugend als metaphysischer, nicht biologischer Lebensform, der im Gegenwärtigen das Künftige erkennend befreit (9).

Benjamin hat in einigen kurzen Aufsätzen jener Zeit einige Bedingungen dieser Lebensform genannt, aber seine Metaphysik der Jugend nicht geschrieben, weil er die eigenen Voraussetzungen als falsch erkannt hat. Die Bedingungen der Lebensform der Jugend faßt er in zwei wichtigen Bestimmungen. Die erste Bestimmung lautet, daß die Moral nicht das Resultat moralischer Erziehung ist, sondern in geschichtsphilosophisch geordneten Erfahrungen entsteht. Diese These erhebt fundamentale Einwände gegen die psychologisch orientierte Pädagogik. Benjamin spricht von der Vergaffung der Pädagogik in Psychologie[2]. Es kann eine psychologische Motivation zu moralischen Verhaltensweisen nicht geben; denn die Motivation selber gäbe der Moral eine unmoralische Basis. Benjamin gewinnt diesen Einwand «auf dem Boden der Kantischen Ethik» (7), in der eine Handlung nur sittlich ist, wenn sie sich aus sich selbst begründet und nicht psychologisch motiviert ist. «Der Hebel für die Handhabung der sittlichen Erziehung fehlt ... Und der Verzicht auf eine wissenschaftlich geschlossene Theorie der moralischen Erziehung scheint uns wirklich die Folge des Gesagten (9).»

Die Alternative zur verwissenschaftlichten Erziehung, die das Problem der Motivation durch Kontrolle der Genese von Normen lösen will, ist für Benjamin wissenschaftstheoretisch die Ersetzung der Psychologie als Fundamentalwissenschaft der Pädagogik durch Geschichtsphilosophie, in der die Geschichte des Bildungsmaterials mit der Selbsterfassung des objektiven Geistes zusammenfällt (14).

Er nannte diese Lebensform auch religiös. Der Versuch, die gesuchte Totalität des Daseins zu analysieren und in seine Bestandteile zu zerlegen, führt zur Auflösung dieser Lebensform. «Aber es widerstrebt als ein religiöser Prozeß jeder näheren Analyse (10).»

Die Metaphysik der Jugend hätte eine Theorie der Religiosität in diesem Sinne sein müssen. Benjamin ist später unbeirrt an Klages interessiert gewesen, weil Klages diese Intentionen festgehalten hat, daß das freie Handeln religiöses Handeln ist, weil es nicht das Resultat von stimulierten Willensregungen ist. Der Wille hat keine Macht über das wirkliche Handeln. Wenn dieser Grundsatz stimmt, den Benjamin durch Freud bestätigt fand, ist der Erfolg einer Erziehung durch und zu Motivation fragwürdig und zweideutig; fragwürdig, weil sie Ursachen setzt, ohne die Konsequenzen vorhersagen zu können, zweideutig, weil sie, wäre sie erfolgreich, die Freiheit zum Verschwinden bringt und damit den Willen selber.

Für Benjamin ist also die Religiosität die einzige Vereinigung von Sittlichkeit und Freiheit und die Konvergenz von Geschichte und Bildung ihr philosophischer Inhalt. In der Jugendbewegung war aber das Gestaltlose der Religiosität nur Drang. «Die Bewegung der erwachsenen Jugend weist die Richtung jenes unendlich fernen Punktes, in dem wir Religion wissen (18).» Die religiösen Impulse und Konsequenzen der Jugendbewegung führt Benjamin auf einen Drang zurück, dem bestehenden System der Korruption eine total andere, heilige Welt entgegenzusetzen. «Die Lehre vom Nicht-Handeln steht dieser Jugend nahe (19).» Wie die ersten Christen handelt die Bewegung nicht, um nicht den Augenblick der Entscheidung zu versäumen, in dem das Heilige entsteht. Als Bewegung ist die Jugend religiös in der Erwartung des Erlösers, der das Ganze wendet. Benjamin beschreibt diese Religiosität nicht, sondern er bezeugt sie. Weil die religiöse Gemeinschaft noch nicht da ist, für die es keinen Feind mehr zu geben braucht, bedarf es der Entscheidung und des Kampfes. Aber wofür gekämpft und was gewählt werden soll, war nach Ausbruch des Weltkrieges entschieden. Es war nicht die Religiosität der wissenschaftlichen Lebensform.

Erfahrungsarmut

Die Kritik Benjamins an der Welt der Erwachsenen richtete sich die Herrschaft der Erfahrung über ihre Lebensform. Der Jugend wurden Erfahrungen zugemutet, die sie nicht verdrängen oder unbeachtet lassen konnte. «Was wir erfahren, das wird traurig sein, und nur im Unerfahrbaren werden wir Mut und Sinn gründen können (16)?» Diese Frage Benjamins von 1913 wurde negativ beantwortet. Die Jugend, metaphysisch verstanden, hätte im Widerspruch zu aller Realität existieren müssen. «Aller Sinn, das Wahre, Gute, Schöne ist in sich selbst gegründet; was soll uns da die Erfahrung (15)?» Benjamin hat 20 Jahre später 1933 noch einmal auf den Verlust aller Erfahrung Bezug genommen. «Wer wird auch nur versuchen, mit der Jugend unter Hinweis auf seine

Erfahrung fertig zu werden? Nein, soviel ist klar: Die Erfahrung ist im Kurse gefallen, und das in einer Generation, die 1914–18 eine der ungeheuersten Erfahrungen der Weltgeschichte gemacht hat[3].» Die Erfahrung, die eine Jugend, deren Programm die Erfahrungslosigkeit war, zu machen gezwungen wurde, führt diese Jugend 20 Jahre später zu einem neuen Barbarentum, weil die ungeheuersten Erfahrungen des Weltkrieges den Wert von Erfahrungen überhaupt zerstörten. Diese Jugend ist sich schrecklich treu geblieben.

«Diese Erfahrungsarmut ist Armut nicht nur an privaten, sondern an Menschheitserfahrungen überhaupt. Und damit eine Art von neuem Barbarentum (314).» Die neue «Armseligkeit ist mit dieser ungeheuren Entfaltung der Technik über die Menschen gekommen» (314). Benjamin sieht den Verlust des Sinns von Erfahrung in einem neuen Gesamtzustand der Geschichte begründet. Der Erfahrungsbegriff der voraussetzungslosen Naturwissenschaften hat die menschlichen Erfahrungen als Voraussetzungen menschlichen Lebens zerstört. Die Kunst (Brecht, Klee, Scheerbart, Micky Maus) nimmt den Begriff des Barbarentums positiv auf (314). Das Barbarische liegt darin, daß das Willkürlich-Konstruktive der Naturwissenschaften auf die Menschen und ihre Verhältnisse angewandt wird. Die Kunst nimmt mit ihrem Barbarentum nur die gesellschaftliche Praxis vorweg (316).

Die Menschen «sehnen sich, von Erfahrungen freizukommen» (317). Es ist eine Sehnsucht nach Erlösung (318). Was Benjamin als Charakteristikum der metaphysisch gedeuteten Jugend selbst gefühlt hatte, hat sich als eine Wendung in der Geschichte der Anthropologie selber herausgestellt. Die neue Barbarei ist da als der Schein einer stets sich erneuernden Konstruktion der Realität aus sich selbst.

Besondere Erziehungsprogramme für die Jugend sind deshalb überflüssig. Die Gesellschaft braucht ihre eigenen Prinzipien von Technik und voraussetzungsloser Wissenschaft nur auf die Erziehung anzuwenden, dann wird sie in der erzogenen Jugend sich selbst wiedererkennen. Der Konservativismus ist von dieser Entwicklung aufs Äußerste und prinzipiell herausgefordert. Der hermeneutische Konservativismus schien ihm eine Kontinuität als Grundbegriff der Geschichte zu fordern, der von der Geschichte in ihrem Abbau aller Erfahrungen widerlegt war. Es «bereitet die Menschheit sich darauf vor, die Kultur wenn es sein muß, zu überleben» (318). Will Erziehung die Menschen positiv darauf einstellen, muß sie in ihre anthropologischen Voraussetzungen das Barbarentum gegenüber aller Erfahrung aufnehmen. Benjamin hat nicht die Naivität aufgebracht, an einem solchen Erziehungskonzept mitzuwirken. Ihm war die Vision der furchtbaren zukünftigen Grausamkeiten der von Erfahrung unbelasteten Menschheit unerträglich und der Impuls des Rettens übermächtig. Humanität unter den gegebenen Bedingungen verkörperte sich in dem Sammler. Hier schien ihm eine Möglichkeit, gleichzeitig mit der Menschheit zu leben, die sich anschickte, die Kultur zu überleben.

Drei Traditionen bürgerlicher Kindererziehung

Die Züge des Sammlers aber erfüllten sich in denen des Kindes. Die Erziehung wendet sich deshalb nicht an die Jugend, sondern an die Kinder zwischen dem vierten und vierzehnten Lebensjahr. Die Begrenzung der Erziehung auf dieses Lebensalter ist einmal mit der Aufhebung des Unterschieds von Jugend und Reife begründet, zum anderen mit der Anerkennung der Ergebnisse der Psychoanalyse, daß erst mit der Abkehr von der Mutterautorität die Hilflosigkeit des frühkindlichen Lebens überwunden wird. Die Erziehungsfähigkeit setzt eine entwickelte Resistenz des Kindes voraus. Benjamin sieht in der Kindererziehung drei Traditionen wirksam. Die Tradition des Barock brachte der Kindererziehung ihr Eigenes: den Überfluß, das bedeutende Spiel mit allegorischen Dingen, die Introvertiertheit einer vieldeutig beziehungsreichen Welt und die theaterhafte Realitätsbeziehung; die Tradition der Aufklärung hinterließ den schweren Ernst und die Last der Verantwortung, die dem Kind und seinem Ernst[4] angemessen ist; die bürgerliche Erziehung lenkte den Blick auf die Eigenart und Sonderbarkeit des kindlichen Lebens, insbesondere auf die Bedeutung von Farbe und Bild für die kindliche Phantasie.

Die produktiven Momente dieser drei Traditionen will Benjamin in einem Erziehungskonzept vereinigen, das er die proletarische Erziehung nennt. Das Konzept einer proletarischen Erziehung konzipierte er für ein Modell, das Erfahrungen in der Sowjetunion zum Ausgangspunkt machte. Dieses Modell war ein Gegenentwurf gegen den Reformismus (111) der Pädagogik der zwanziger Jahre. Benjamin kritisierte an dem Reformismus der bürgerlichen Pädagogik die Systemlosigkeit, mit der im halbjährlichen Wechsel der Moden immer neue Methoden und psychologische Raffinements auf die Erziehungsinstitutionen angewandt werden (80). Die ständige Veränderung der Formen und Methoden steht in Gegensatz zu den Inhalten, die durch bestimmte politische Interessen vorgegeben sind. Benjamin sieht den Fortschritt in der reformistischen Erziehung allerdings darin, daß die Methoden ständig die Mittel der List verbessern, durch die Kinder an die politisch-gesellschaftlichen Erfordernisse angepaßt werden (87). In der reformistischen Pädagogik klaffen Theorie und Praxis (89) insofern auseinander, als zunächst die kindgemäße Erziehung die Kriterien der Erziehung dem Wesen des Kindes selbst zu entnehmen scheint, von der Praxis der Erziehung aber doch eine Reproduktion der geltenden Normen für die nächste Generation erwartet wird. Dieser Widerspruch besteht als Widerspruch zwischen dem funktionalen Auftrag der Reproduktion der Ordnung durch die Erziehung und der Anpassung der Methoden an die Entwicklungsstufe des Kindes. Dennoch ist dieser Widerspruch nur scheinbar. Denn es bleibt der bürgerlichen Erziehung gar nichts anderes übrig als die Verwirklichung antiautoritärer Methoden. Diese Freiheit der Erziehung ist nur Schwäche und Verlegenheit. «Nicht die Fortschritte der Wissenschaft sind ja der stärkste Antrieb dieser radikalen Pädagogik gewesen, sondern der Untergang der Autorität (108).» Die Freiheit als methodisches Prinzip in der Erziehung ist daher auch Projektion des Verlustes der Autorität in die Wissenschaft. Der Untergang der Autorität hat seine Gründe in der Geschichte der bürgerlichen Klasse. Diese Geschichte der bürgerlichen Klasse ist ein Weg von dem ernsten Pathos der Aufklärung über die spröden, unwirschen und bedrohlichen Züge, die das Hervorbrechen der Persönlichkeit bei Pestalozzi hat, bis hin zur Verinnerlichung im Biedermeier. Diese pädagogisch bedeutenden Stationen der bürgerlichen Klasse führen aber mit der Freisetzung der individualistischen Subjektivität zur Auflösung aller autoritativen Inhalte. Die geforderte freie Entfaltung der Individualität ist auch auf den Markt bezogen, auf dem die Lebenschancen erobert werden. Es gilt, die Fähigkeit zur kreativen Produktion und damit zur Wahrnehmung von Marktchancen zu erziehen. Die freie Erziehung hat hier ihre stimulierende Funktion. Benjamin nennt diese reformistische Pädagogik wegen der Expansion des Marktes der Innerlichkeit polemisch «Kolonialpädagogik». Es wird die «zarte und verschlossene Phantasie des Kindes gleich rückhaltlos als seelische

Nachfrage im Sinne einer warenproduzierenden Gesellschaft verstanden und die Erziehung mit so trister Unbefangenheit als koloniale Absatzchance für Kulturgüter angesehen» (109). Schon 1930 kritisiert Benjamin die Pädagogik der «demokratischen Erziehung», die, wenn sie nicht vom Fanatismus der Oberflächlichkeit (110) getragen wird, eine inhaltlose Freiheit proklamiert und die Ausfüllung der Freiheit dem Angebot der Waren überläßt.

Dieses Bild der im Reformismus verfallenden bürgerlichen Tradition bestimmte Benjamin, seine Überlegungen in den Dienst der proletarischen Erziehung zu stellen. Diese Erziehung muß sich durch den Vorrang der Inhalte und durch die Autorität ihrer Repräsentation auszeichnen. Die Aufklärung bleibt hier Vorbild. Die Philanthropen machten mit ihrer Erziehung die Probe auf das Exempel des großen humanitären Bildungsprogramms (42).» Ein neues Moment der Autorität tritt nun nach ihrem Niedergang in der Innerlichkeit des Individualismus hervor: das Kollektive. «Kollektive Unterweisung ohne Autorität zu organisieren, wird niemals glücken (108).» Diese Erziehung übernimmt ein weiteres Motiv der Aufklärung: die Universalität der Tätigkeiten. Dazu soll der polytechnische Unterricht geeignet sein. In diesem Unterricht soll das Enzyklopädische der Aufklärung verwirklicht werden und zugleich die Trennung von Theorie und Praxis vermieden bleiben (88). Das Technische soll gewissermaßen durch die Universalität ihrer Anwendung überboten und das Prinzip der Abstraktion durch umfassende Produktivität überwunden werden. «Die Erziehung des Kindes erfordert: es muß sein ganzes Leben ergriffen werden. Die proletarische Erziehung fordert: es muß in einem begrenzten Gebiet erzogen werden. Das ist die positive Dialektik der Frage (80).»

Benjamin gibt eine höchst riskante Antwort auf die

Frage nach dem konkreten Austrag dieser dialektischen Aufgabe der Erziehung. Zu dieser Antwort fühlte er sich durch die Praxis kommunistischer Pädagogen in der Sowjetunion ermutigt. Diese Antwort ist das Kindertheater. Mit der ideologischen Verschärfung des Kampfes gegen den Trotzkismus ist in der Sowjetunion diesen Ansätzen ein Ende gemacht worden. Der Entwurf einer freien Totalität als theatralische Totalität geht auf Trotzki zurück[5]. Benjamin nimmt diesen Entwurf auf und macht ihn zum Mittelpunkt der Kindererziehung. Die Aufgabe besteht darin, eine positive Dialektik von Disziplin und Abweichung, von Freiheit und Totalität, von Versenkung und Darstellung auszutragen.

«Denn keine pädagogische Klugheit kann vorhersehen, wie Kinder die geschulten Gebärden und Fertigkeiten mit tausend überraschenden Varianten zu einer theatralischen Totalität zusammenfassen[6].» Im Kind kommt das Genie der Variante zu voller Herrschaft (84). Das Kindertheater wird dem gerecht, daß «Wirklichkeit und Spiel für Kinder sich verschmelzen (81).» Der kollektive Charakter der Erziehung kann im Kindertheater die Eigenart der Kinder korrigieren und bestehen lassen: «Die neue Erkenntnis vom Kinde, die in den russischen Kinderklubs sich ausbildete, hat zu dem Lehrsatz geführt: Das Kind lebt in seiner Welt als Diktator (83).» Das Kollektive ist nicht die Instanz äußerlicher Gewalt gegen das Kind, sondern «ein Kollektiv ist aber auch das Kind (82)».

Diese Bestimmung wird verständlich gemacht durch den Nachweis der Einheit von Handeln und Erleben beim Kind. «Schöpferische Innervation in exaktem Zusammenhang mit der rezeptiven ist jede kindliche Geste (83).» Die Praxis dieser Einheit ist wiederum das Kindertheater, das zugleich das Kind «aus dem gefährlichen Zauberreich der bloßen Phantasie erlöst (83)».

Die theatralische Totalität des Lebens nimmt in den Kindern die Zukunft der Humanität vorweg. Die Kinder sind nicht vorwiegend Erben, sie sind nicht nur Rächer und Vollstrecker, sondern es können die Ziele einer ausgetragenen Dialektik der Freude des Daseins in der Kindheit vorweggenommen sein. «Die proletarische Pädagogik erweist ihre Überlegenheit, indem sie Kindern die Erfüllung ihrer Kindheit garantiert (85).»

Unschuld und Grausamkeit

Der Erziehung muß eine Anthropologie der Kindheit zugrunde liegen. Ohne einen Begriff der Kindheit ist die Rede von der «Erfüllung» nicht möglich. Benjamin fand eine solche Anthropologie nicht vor. Auch Protokolle der Erfahrungen fehlten, die man mit einer proletarischen Erziehung gemacht hatte (90). «Aber freilich: alle Vorarbeiten zu einer marxistischen, dialektischen Anthropologie des proletarischen Kindes fehlen (89).» Benjamin selbst hat deshalb in Ansätzen einer solchen Theorie der Kindheit vorgearbeitet. Eine Anthropologie der Kindheit findet zwei extreme Interpretationen vor. Die eine ist die der «süßlichen Geste, die nicht dem Kinde, sondern den verdorbenen Vorstellungen von ihm entspricht (46)». Dieses Verständnis findet seinen Ausdruck in der Kindermode, in der Massenproduktion von Spielzeug und in einer Anzahl von pädagogischen Programmen und ihren Lehrmitteln (Bilderbücher, Fibeln). Die entgegengesetzte Interpretation geht aus von der kindlichen Grausamkeit und der Vorliebe der Kinder für gewalttätige Spiele und martialisches Spielzeug. «Es könnte manchmal scheinen, als ginge das unsrige Jahrhundert noch einen Schritt weiter und wolle Kinder, weit entfernt, als kleine Männer oder Frauen sie anzusprechen, selbst als kleine Menschen nur mit Vorbehalt gelten lassen. Man stieß auf die grausame, die groteske, die grimmige Seite im Kinderleben. Während lammfromme Pädagogen immer noch Rousseauschen Träumen nachhängen, haben Schriftsteller wie Ringelnatz, Maler wie Klee das Despotische und Entmenschte an Kindern begriffen. Erdenfern und unverfroren sind Kinder (59).»

Dieser Widerspruch ist nicht dadurch aufzulösen, daß es eben «süße» und «grausame» Kinder gibt, sondern beide gehören zur Eigenart der Kindheit und sind Momente eines Übergreifenden: der Unschuld. Die Unschuld kennzeichnet den Ausfall sittlicher Kategorien beim kindlichen Handeln. Gut und Böse sind ihm Spielelemente. Freuds Deutung des Narzißmus als die kindliche Überlegenheit, die es gegenüber der Welt der Erwachsenen fühlt, bestätigt für Benjamin seine Deutung (109). Die Unschuld des Kindes besteht nicht darin, daß es Gut und Böse in seinen Handlungen nicht berücksichtigt, vielmehr wird die gesamte Kindheit auch durch die Einsetzung und Ausformung des Über-Ich als der Instanz des Gewissens, also gemäß der Erfahrung der Schuld bestimmt. Aber mit einer Verselbständigung der Instanz des Gewissens geht die Kindheit zu Ende. Aus diesem Grund hat bereits Rousseau der Religion keinerlei Bedeutung für die Erziehung des Kindes zuerkannt, weil die Freiheit zur Schuld fehlt. Die Unschuld des Kindes ist daher Mangel und Vorzug zugleich. Vorzug ist sie, weil sie Vorgestalt der Freiheit ist, die es sonst bei dem Mangel an Selbstbestimmung für das Kind nicht geben würde.

Die kindliche Praxis ist deshalb von der des Erwachsenen von den Voraussetzungen her verschieden. Es hat eine begrenzte Plausibilität, diese Praxis in Anlehnung an die Vorgeschichte des Menschen zu interpretieren. «Kaum tritt er ins Leben, so ist er Jäger.» «Alles, was es überhaupt besitzt, macht ihm eine einzige Sammlung aus (76).» «Es wird den Kampf mit dem Dämon nicht müde (77).»

Ihm ist «das Leben ein uralter Rausch der Herrschaft» (76). Diese Bestimmungen dementieren bestimmte Erziehungsziele. Das Kind handelt nicht solidarisch, nicht konsequent, nicht sozialistisch, nicht herrschaftsfrei und nicht demokratisch. «Denn Kind und Sammler, ja selbst Kind und Fetischist – sie stehen auf gleichem Boden (97).» Die Kindererziehung in den unmittelbaren Dienst einer Verwirklichung demokratischer, sozialistischer oder kommunistischer Ziele nehmen zu wollen, käme nach Benjamin einer Unterdrückung gleich und wäre außerdem noch erfolglos. Die authentische Realitätsbeziehung des Sammlers und des Kindes ist die durch Besitz vermittelte. «Das Besitzverhältnis setzt völlig irrationale Akzente. Dem Sammler ist in jedem seiner Gegenstände die Welt präsent. Und zwar geordnet. Geordnet aber nach einem überraschenden, ja dem Profanen unverständlichen Zusammenhange ... Dies alles, die wissenschaftlichen Sachverhalte wie jene anderen, rücken für den wahren Sammler in jedem einzelnen seiner Besitztümer zu einer magischen Enzyklopädie, zu einer Weltordnung zusammen, deren Abriß das Schicksal seines Gegenstandes ist. Sammler sind Physiognomiker der Dingwelt (99).» Die irrationale Besitzergreifung hat ihre eigene Notwendigkeit darin, die Furcht vor der Fremdheit der Dinge zu bannen. Nur so ist die Realität die eigene. Einer eigenen, halbvertrauten Realität ist aber das Kind besonders bedürftig. Selbstvertrauen und Sicherheit gewinnt es auf diese Weise der Inbesitznahme (103). «Einmal verkramt, zerbrochen, repariert, wird auch die königliche Puppe eine tüchtige, proletarische Genossin der kindlichen Spielkommune (61).»

Das Spiel

Im Zentrum einer Anthropologie der Kindheit steht von jeher das Spiel. Das Spiel genügt der Bestimmung der unschuldigen Praxis des Kindes in vollem Maße. Einige Grundzüge einer Theorie des Spiels sind Benjamin zu entnehmen.

Benjamin spricht von einer «restlosen Aktivierung des Spieltriebs (112)». Der Begriff des Triebs ist nicht unpräzis gebraucht, sondern die Grundformen des Spiels ergeben sich aus der Wiederholung von Grundsituationen der Selbstbehauptung des Menschen als Naturwesen. «Wahrscheinlich ist es so: bevor wir im Außerunssein der Liebe in das Dasein und den oft feindlichen, nicht mehr durchdrungenen Rhythmus eines fremden menschlichen Wesens eingehen, experimentieren wir früh mit ursprünglichen Rhythmen, die in dergleichen Spiel mit unbelebtem in den einfachsten Formen sich kundtut. Oder vielmehr, es sind eben diese Rhythmen, an denen wir zuerst unserer selbst habhaft werden (70).» Das Spielen basiert also auf dem Trieb der Selbstbehauptung. Der ursprünglich feindselige Trieb wird im Spiel durch Wiederholung umgeformt. Das Spiel ist daher eine Weiterentwicklung von Kult und Ritus. So wie die ritualisierten, symbolisch gewordenen Grundformen der Praxis der Selbstbehauptung die unverfügbaren Gewalten bannten, so dient das Spiel der Übung. Deshalb hat Benjamin in seinen Kritiken verschiedener Kinderbücher immer den Akzent auf die Bedeutung des Spiels für das Lernen gelegt. «Es ist die unbewußte Übung durch Spiel, deren Erfolge sich hier der bewußten nach Vorschrift überlegen erweisen sollen. Der entscheidende Durchbruch des Spiels in das Zentrum des Elementarunterrichts ist nun nach Freud und Klages auch wissenschaftlich begründbar (107).» Das Motiv des Bannens ist im Spiel noch erhalten in der Tendenz des

Spielenden, die Größenverhältnisse zu ändern. Die gefürchteten Dinge zu verkleinern oder lächerlich zu vergrößern, erlaubt es, die Furcht zu überwinden. Im Spiel ist eine «Bagatellisierung des unerträglichen Daseins» möglich. «Freilich bleibt Spielen immer Befreiung. Kinder schaffen, von einer Riesenwelt umgeben, spielend sich ihre angemessene kleine (59).»

Die Befreiung durch das Spiel hat aber noch eine weitere, fundamentale Bedeutung von größten anthropologischen Konsequenzen. Das Spiel befreit von der Herrschaft der Nachahmung, die sonst unerbittlich die Schranken des Menschlichen setzen würde. Damit wird eine teleologische Erziehung, eine Dressur unmöglich. Allein die Fessel der Nachahmung könnte das Kind an das Gewesene binden. Das Mittel, durch das im Spiel die Herrschaft des Mimetischen gebrochen wird, ist merkwürdigerweise das Mimetische des Spielens selbst: die Wiederholung. Der dunkle Drang nach Wiederholung ist die Gewalt, die zum Spielen zwingt. «Endlich hätte eine solche Studie dem großen Gesetz nachzugeben, das über allen einzelnen Regeln und Rhythmen die ganze Welt der Spiele regiert: dem Gesetz der Wiederholung. Wir wissen, daß sie dem Kind die Seele des Spiels ist; daß nichts es mehr beglückt als ‹noch einmal› . . . In der Tat: Jedwede tiefste Erfahrung will unersättlich, will bis ans Ende aller Dinge Wiederholung und Wiederkehr, Wiederherstellung einer Ursituation, von der sie den Ausgang nahm . . . Nicht ein ‹So-tun-als-ob›, ein ‹Immer-wieder-tun›, Verwandlung der erschütterndsten Erfahrung in Gewohnheit, das ist das Wesen des Spielens (70).»

Die Tyrannei der Wiederholung schlägt in Verfügung und damit in Befreiung um. So liegt im Mimetischen selbst die Möglichkeit, den Bannkreis durch die Variation zu verlassen. Das Spiel ist paradoxerweise aufrührerisch, weil es die «Wehmutter jeder Gewohnheit» ist (71).

Die Verantwortung der Erzieher für das Spiel der Kinder liegt darin, daß sie durch den Stoff Inhalt und Grenzen des Spiels und damit der Erziehung bestimmen. Die Auswahl des Spielzeugs ist deshalb auch eine theoretisch zu begründende Entscheidung. Den Vorrang hat das einfache Spielzeug. Die Einfachheit meint Primitivität insofern, als die Funktionsweise und der Produktionsprozeß durchschaubar sein müssen (63). Besonders geeignet sind deshalb Erzeugnisse aus Handwerksbetrieben, genauer Teilprodukte, die eine Rekonstruktion und eigene Konstruktionen erlauben. «Kinder nämlich sind auf besondere Weise geneigt, jedwede Arbeitsstätte aufzusuchen, wo sichtbar die Betätigung an Dingen vor sich geht. Sie fühlen sich unwiderstehlich vom Abfall angezogen, der beim Bauen, bei Garten- oder Hausarbeiten, beim Schneidern oder Tischlern entsteht. In Abfallprodukten erkennen sie das Gesicht, das die Dingwelt gerade ihnen, ihnen allein zukehrt (73).» Die industrielle Vorfabrikation von Spielteilen und ihrer restlosen Zusammensetzung verhindert einen eigenen Zugang zur Realität. Es geht nicht um die Anregung irgendeiner abstrakten meßbaren Kreativität, sondern um die Zuwendung zur Realität, die – so Benjamin – in ihren Bruchstücken und Abfallprodukten einer kindlichen Erfahrung Platz läßt. «Heute darf man vielleicht schon hoffen, den gründlichen Irrtum zu überwinden, der da vermeint, der Vorstellungsgehalt seines Spielzeugs bestimme das Spiel des Kindes, da es in Wahrheit eher sich umgekehrt verhält. Das Kind will etwas ziehen und wird Pferd (64).»

Keine Politisierung

Wenn diese Theorie richtig ist, hat Benjamin mit seiner Forderung nach einer philosophischen Klassifikation des

Spielzeugs recht. Denn dann ist die Trennung von Ich und Ding beim Kind nicht durchgeführt, ihm ist Spielzeug nicht Gegenstand, sondern ein Stück von ihm selbst außer sich. Es trennt nicht zwischen Ding und dem, was es sich dabei vorstellen soll. Daher kann das Spielzeug nicht danach klassifiziert werden, was sich der Produzent dabei vorgestellt hat. Das Spiel ist für das Kind überhaupt nicht das mit Vorstellungen verbundene, sondern seine Realitätsbeziehung supponiert ständig magische Belebung der Realien durch das Ich. Der Erzieher ordnet die magischen Verwirklichungen des Kindes in den Dingen. Die Trennung von Innen- und Außenwelt wird nicht strikt durchgeführt. Es fehlt daher dem Kind an Korrektiven. Eine Korrektivfunktion hatte ein Spielzeug noch da, wo es «Stück des Produktionsprozesses gewesen ist, welches Eltern und Kinder verband» (64). Je abstrakter, uneinsichtiger und beschränkter die Teilnahme der Eltern in einem arbeitsteiligen Produktionsprozeß wurde, um so entfremdeter wurde die Hermeneutik des Spiels der Realität. Die Korrektur der Innen-Außen-Welt des Kindes ist deshalb schwieriger geworden. Deshalb muß das Spiel der Kinder «unerbittlich» durch sein Publikum korrigiert werden. Woher nimmt das Publikum die Fähigkeit zur Korrektur? Benjamin scheidet ästhetische Kategorien und individualpsychologische Kriterien als unzureichend aus. Die Wahnwelt der Kinder soll durch die Realität selber korrigiert werden. Das korrigierende Publikum muß daher als Kollektiv diese Realität zur Geltung bringen. Dazu ist die Fähigkeit erforderlich, überhaupt als Kollektiv, als Organ der Realität zu existieren. Benjamin glaubte, in diesem Sinn könnten nur die Arbeiter Kollektive bilden. Solange sich aber die Erzieher in den bürgerlichen Schichten noch unsicher fühlen gegenüber den Kindern, wirkt sich das Fehlen des Kollektivs als fehlende Verfügungsgewalt über das Kollektive der Innen-Außen-Beziehung des Kindes aus, und es ist in seiner Praxis noch unbeeinträchtigt und ohne Orientierung. Es fehlten die Motive einer ideologischen Erziehung, weil die Phantastik einer ideologischen Interpretation der Wirklichkeit der eigenen des Kindes kaum reizvoll erscheint, da es sie durch das Geheimnisvolle, Unbegreifbare überbieten kann.

Benjamin hoffte, daß sich die Erzieher davon überzeugen ließen, daß die richtige Erziehung die einer Garantie der Kindheit selbst sei. Er glaubte, daß das politische Klima eines Anfangens mit der Menschlichkeit im nachrevolutionären Rußland, auch wegen der kindernahen Tradition des alten Rußland, eine solche unideologische Erziehung begünstige. Aber über diese Hoffnung hinaus ließe sich Benjamins These nachprüfen, ob Kinder von Natur aus durch ideologische Erziehung ungefährdet sind. Diese widerstehende Natur tritt an zwei Phänomenen zutage.

Das erste ist die sexuelle Natur des Kindes. Sie ist Fetischismus, insbesondere in der Liebe zur Puppe. «Es ist der Wunsch, der tollgewordene Wunsch selber, und sein Wunschbild die Puppe. Oder muß es heißen: die Leiche? Denn daß nur dies: das zu Tode gehetzte Liebesbild selber für das Lieben ein Ziel macht, das gibt dem starren oder ausgeleierten Balg, dessen Blick nicht stumpf ist, sondern gebrochen, den unerschöpflichen Magnetismus (96).» Seine sexuelle Natur selber schützt das Kind vor ihrer simplen Verwirklichung. Solange das Kind nicht zu unmittelbarer Sinnlichkeit gezwungen wird, bleibt ihm der tolle Wunsch und seine Innen-Außen-Welt unversehrt. Sein Realitätsverhältnis ist gefährdet und geschützt zugleich. Die Freude an dem Spielzeug aus Zuckergebäck wie die Tötung des Liebesobjekts zeigt die Natur gegen Natur sich verwahrend. Benjamin hatte nicht die Vorstellungskraft, daß es Erziehungsprogamme geben würde, die eine Politisierung des Kindes durch den Mißbrauch seiner Sexualität als einer unmittelbaren erzwingen wollen. Ob sich, wie Benjamin annahm, die kindliche Natur als stärker erweisen wird als die Direktheit der Erzieher ist zweifelhaft.

Der zweite Schutz, den die Natur der Kindheit gewährt, war für Benjamin der «Biomorphismus» der Innen-Außen-Welt des Kindes. Biomorphismus meint einen besonderen Sinn für das Verwandte, Ähnliche, Gleichartige. Die Realität ist nicht chaotisch, ihre Elemente sind nicht feindlich und unverbunden, sondern für den Biomorphismus ergeben sich vielgeordnete natürliche Beziehungen zwischen dem Heterogensten. «Nichts ist dem Kind gemäßer, als die heterogensten Stoffe – Steine, Plastilin, Holz, Papier – in seinen Bauten geschwisterlich zu verbinden. Auf der anderen Seite ist niemand den Stoffen gegenüber keuscher als Kinder: ein bloßes Stückchen Holz, ein Tannenzapfen, ein Steinchen umfaßt in der Ungebrochenheit, der Eindeutigkeit seines Stoffes doch eine Fülle der verschiedensten Figuren (63).» Das Kind verbindet die Elemente seiner Realität kühn und unberechenbar, aber zugleich nimmt es die Figuration als bestehend an. Dieses antinomische Realitätsverhältnis ist ein Schutz, den die Natur dem entstehenden menschlichen Leben gewährt. Der Biomorphismus soll deshalb zum methodischen Grundprinzip des Lernens gemacht werden.

Die Verwirklichung des Biomorphismus ist für das Kind die Schrift. Denn in den abstrakten Zeichen der Schrift muß es Bilder der Realität erkennen, die hier bezeichnet werden (104). Bild und Schrift gehören für eine vorabstrakte Realitätserfahrung eng zusammen. Benjamin findet seine Theorie des allegorischen Bedeutungsgebens bei den Kindern bestätigt. «Es lernt an ihnen zugleich mit der Sprache die Schrift: Hieroglyphik (48).» Das Realitätsverhältnis des Kindes ist doppelt gefährdet. Eine Preisgabe an die Außenwelt würde die Angst stärker werden lassen als das Leben, eine reine, beliebige Projektion der Innenerfahrung in die Realität den Wahnsinn bedeuten. Vermittlung ist hier zwingender mit der Ermöglichung menschlichen Lebens identisch als irgendwo. Diese Vermittlung kann aber die Abstraktion von Innenwelt und Außenwelt nicht als geleistet und bewußt voraussetzen. Der Begriff der Entfremdung ist deshalb auf das kindliche Dasein nicht anzuwenden. Eine ideologische Erziehung ist für Benjamin nicht erfolgreich möglich, weil die Programme aufzuhebender oder zu stabilisierender Entfremdung von Ich und Realität an der Eigenart der kindlichen Innen-Außen-Welt vorbeigehen. Benjamin kehrt die Ziele ideologischer Erziehungsprogramme geradezu um. Nicht sei durch eine ideologische Kindererziehung eine neue Generation für eine dann veränderungsfähige Welt herangezogen worden, sondern umgekehrt wäre die verwirklichte Kindheit die Voraussetzung für eine menschlichere Welt. Der Biomorphismus der kindlichen Welt ist bereits eine Gestalt der sonst nur utopisch ausgedachten Realität als Heimat.

Es steht deshalb mit der Verwirklichung der Kindheit mehr auf dem Spiel als nur eine verwirklichte Kindheit. Die verwirklichte Kindheit ist für Benjamin die Voraussetzung für die religiöse Zielsetzung politischen Handelns. In bezug auf André Gide heißt es: «Mit alledem gelingt es ihm nicht, durch die irdischen Stadien des Werdens sie hindurchgehen zu lassen, und der Weg der Seele verläuft mit meteorischer Willkür, weil das, was hier dargetan werden soll, nur der Erinnerung des Mannes, nicht der Gegenwart des Wachsenden zufällt: nämlich die letzte ernste Frömmigkeit der Kindheit (37).» Die Frömmigkeit des Erwachsenen ist Erinnerung an den Ernst und das Ultimative der Kindheit. Das «Entgleiten» der Seligkeit läßt dem Betrachtenden allein ihre Beschreibung (38). Der Erwachsene ist der Trauernde, aber er ist nicht stumpf. Was ihm als Kindheit selige Realität war, wird dem Erwachsenen zur Frömmigkeit. Benjamin nimmt damit den Einwand Freuds, daß die Religiosität ein Infantilismus ungeschiedener Innen-Außen-Welt sei, apologetisch auf und formt ihn um. Diese Umformung ist ein Erwachsenwerden der Religion selbst, die nicht unbestimmtes, «ozeanisches» Sehnen nach Totalität ist, sondern die versöhnende Praxis unter den Bedingungen der Profanität auf sich nimmt. Diese versöhnende Praxis ist verändernde und gewährenlassende zugleich. Das «Wie-die-Kinder-werden» wird von Benjamin in dieser Weise interpretiert.

Die enge Pforte, von der Gide spricht, hat Gide um die Geduld verfehlt, die eine nicht durch Sakralität geschützte Frömmigkeit aufbringen muß. «Die ewige Pforte ist wohl weniger die, durch welche die tugendhaften, als die, durch welche die kindlichen Menschen in den Himmel einzutreten vermöchten (36).» Bei Gide ist diese Pforte der Tod der Kinder. Bei Benjamin dagegen erkennen die kindlichen Menschen die Versöhnung als religiöse Wirklichkeit, sie nehmen die Vollendung als menschliche Praxis an. Aber die Vollendung ist nicht unmittelbar Beute, die die Praxis von vergesellschafteter Natur erpressen könnte. «Nicht die Dinge treten dem bildernden Kind aus den Seiten heraus – im Schauen dringt es selber als Gewölk, das mit dem Farbenglanz der Bilderwelt sich sättigt, in sie ein. Es macht vor seinem ausgemalten Buche die Kunst der taoistischen Vollendeten wahr (47).» Die Kindheit ermöglicht es also, einen nicht-technologischen Begriff der Vollendung zu denken. Das ist nur möglich, wenn die Natur nicht nur mit den Vorstellungsmitteln des sensualistischen Rests der Natur der Naturwissenschaften gedacht wird. Die Kindheit eröffnet also einen eigenen Zugang zur Natur. Natur wird

nicht allein unter dem Gesichtspunkt der Zivilisation gesehen, sondern unter ästhetischem und religiösem Blick. Benjamin hat daher den Begriff der Kreatur bewußt theologisch verwandt.
Die kindlichen Menschen haben eine Aufnahmefähigkeit für die Landschaft. Die Landschaft ist von der heroisch-rohen Natur ebenso weit entfernt wie von der stumpfen der Zivilisation. «Am Ende ihres Panoramas mündet die Aussicht in das Kinderbuch auf einem biedermeierlich beblümten Felsen. Gelehnt an eine himmelblaue Göttin lagert dort der Dichter mit den melodischen Händen. Was ihm die Muse eingibt, zeichnet ein Flügelkind neben ihm auf. Verstreut umher liegen Harfe und Laute. Zwerge im Schoß des Berges blasen und geigen. Am Himmel aber geht die Sonne unter. So hat Lyser einmal die Landschaft gemalt, in deren buntem Feuer Blick und Wangen der Kinder über Büchern widerstrahlen (53).» Die Aussicht in eine solche Landschaft meint bei Benjamin auch Blick auf etwas Zukünftiges, Ausstehendes, Erwartetes. Die messianischen Momente seiner Religiosität sind anthropologisch und inhaltlich in seiner Theorie der Kindheit gegründet. Die Öffnung des Menschen zur Zukunft ist dialektisch vom Entgleiten der Kindheit abhängig. Dem Kalkül der Nichtigkeit des einzelnen und der Massenform seines Daseins widersteht das Ethos des Berufs, der Tüchtigkeit und Leistung nur im Verein mit dem fahrlässigen Dulden der Übertreibung, die kindlich den Menschen in die Mitte einer Welt rückt. So wie die Übertreibung lehrt die Kindheit ein weiteres: die unermeßliche Tragweite der Unterwerfung (115). Beide, Übertreibung und Unterwerfung, sind religiöse Grunderfahrungen mit einem liebenden und gerechten Gott. «Wie hier die Marionette mit dem Gott konfrontiert wird, der Mensch in seinen reflexiven Schranken hilflos zwischen beiden hängt, das ist freilich ein so unvergeßliches Bild,

daß es schon mancherlei Unausgesprochenes decken könnte (97).»

Der Mensch ist halb Schöpfer und halb Marionette und eine hilflose Reflexion des Widerspruchs. In diesem Widerspruch läßt er sich vielleicht nur durch das Kind rühren. Die Logik des Verbrechens aus Modernität ist, daß es Menschen nicht in diesem Widerspruch aushalten. So scheute sich Benjamin nicht, mit Jochmann Kinderchöre den Triumphgesängen des Glücks blutiger Vollstreckungen als einzige Gewalt der Aufklärung entgegenzusetzen[7]. Das Kindergedicht vom «bucklichten Männlein» enthält den Hinweis auf das Erlösende des kindlichen Gebets[8]. Das Kind erlöst den unglücklichen, erkennenden Blick des Erfahrenen. Es hilft, den Buckel geschichtlicher Erfahrungen zu tragen, den mißgestaltet die Menschheit hat. Ihm sind die sinn-neutralen Strukturen abstrakter Gesellschaft heilige Texte. Benjamins Einwände gegen eine formierte, vor Programmatik und Erfolg nicht zurückschreckende Erziehung mögen als Einwände aus einer fremden, leisen Welt empfunden werden. Sie bleiben apokryph. Aber nur hier ist sein Denken nicht von der Trauer gezeichnet, mit der er sonst Zeitgenosse des Fortschritts war[9].

Anmerkungen

1 Benjamin, Illuminationen, a. a. O. 15. Die in diesem Kapitel in Klammern gesetzten Seitenzahlen beziehen sich auf die jeweils vorhergehende Fußnote mit Literaturhinweis.

2 Walter Benjamin, Über Kinder, Jugend und Erziehung. Mit Abbildungen von Kinderbüchern und Spielzeug aus der Sammlung Benjamin, Frankfurt 3/ 1970, 73

3 Benjamin, Illuminationen, a. a. O. 313

4 Benjamin, Über Kinder, a. a. O. 68

5 Vgl. G. Rohrmoser, Herrschaft und Versöhnung. Ästhetik und die Kulturrevolution des Westens, Freiburg 1972
6 Benjamin, Über Kinder, 84
7 Benjamin, Angelus Novus, a. a. O. 363
8 Benjamin, Illuminationen, a. a. O. 307 ff.
9 Zur Kritik der aktuellen progressiven Erziehungspolitik: Henning Günther, Auf dem Weg zu einer neuen Schule – Die falsche Emanzipation, München 1974

ETHISCHE PROBLEME

Die Komplizität mit dem Weltlauf ist unvermeidlich. Eine Interpretation der geschichtlichen Handlungen und Positionen hat diese Komplizität zu erkennen. Benjamin hatte sich zur Aufgabe gestellt, einen Kommentar zu Positionen zu leisten, die eine Komplizität mit den humanen Tendenzen des Weltlaufs fanden und die Komplizen der Barbarei zu denunzieren. Die Kriterien einer Unterscheidung von humanen und barbarischen Tendenzen sind einer politischen Ethik zu entnehmen; sie können aber nicht abstrakt deduziert werden, sondern müssen einer historischen Konfiguration selber abgewonnen werden. Das ist eine dialektische Arbeit. Ihre Ergebnisse sollen im folgenden referiert werden. Dabei treten Schwierigkeiten auf. Eine erste ist, daß die politische Ethik, die man Benjamin vindizieren kann, in besonderer Weise der Aktualität unterworfen war. Denn es vermögen Politiker, Künstler und Religionsstifter naiv die Komplizenschaft mit einer komplexen Tendenz des Weltlaufs finden und ihnen ohne Bewußtsein ihrer Rolle zugehören und insofern aus einer Unkenntnis der Realität die Kraft haben, ihren Tendenzen zu widerstehen oder eigene zu stiften, aber ein Philosoph wie Benjamin, der sich zur Aufgabe gemacht hat, die bestimmenden Gewalten in ihrer Macht richtig zu erkennen, kann das nur um den Preis einer leidenden Komplizität. Daher ist seine Position besonders eng an die jeweilige historische Situation gebunden und verliert mit der Änderung der Konstellation ihre Aktualität. Seine politische Ethik ist vielfach der Jugendbewegung, der Dekadenz der bürgerlichen Intellektuellen der Zwanziger Jahre und der Einsamkeit des Emigranten angesichts der Alternative Stalinismus – Faschismus zugeordnet. Deshalb sind heute Teile seiner politischen Ethik aktualisiert durch die veränderte Konstellation, andere Teile von schwindender Bedeutung. Das liegt ganz in der Intention seines Werks, denn seine Theorie der geschichtlichen Kontinuität meint ja die umformende Arbeit der Geschichte an der Tradition.

Aber es gibt einen weiteren Vorbehalt gegen die Möglichkeit einer politischen Ethik. Der Vorbehalt besteht darin, daß es bei Benjamin die sogenannte mikrologische Versenkung ins Detail gibt und daß es eine theologisch formulierbare Theorie des Ganzen gibt. Sein Kommentar besteht dann in einer Treue zum Detail, die im Umschlag der Extreme mit Fragmenten einer religionsphilosophischen Theorie des Ganzen konvergiert. Benjamins Dialektik fehlt, wie Adorno festgestellt hat, die Vermittlung. Es fehlen sozusagen Theorien mittlerer Reichweite. Benjamin lehnte diesen Theorietypus ab, weil er zu viel und zu deutlich erklärt. Es ist die beängstigende Nähe des Trivialen zum Richtigen in solchen vermittelnden dialektischen Theorien mittlerer Reichweite, die er eher aus Zurückhaltung gegenüber der Heilsgeschichte und aus Treue gegenüber dem Detail ablehnte, als daß er die Ablehnung durch eine formale Kritik der vermittelnden Dialektik begründet hätte. Er nannte daher seine Methode der politischen Ethik auch nicht Dialektik, sondern Physiognomik. Die Physiognomik bedeutet bei Benjamin nicht die Interpretation der menschlichen Gestalt, sondern die Betrachtung der menschlich geprägten geschichtlichen Welt. Die in seiner Interpretation des Barocks geleistete Theorie der neuzeitlichen Geschichte als Schauplatz, als Landschaft ermöglicht es, die Methode der Physiognomik auf den Schauplatz der Geschichte anzuwenden.

Die empörte Subjektivität

Auf dem Schauplatz der Geschichte aber handelt die bürgerliche Klasse. Aufstieg und Verfall der bürgerlichen Subjektivität ist das Thema. In Adornos Kierkegaard-Interpretation fand Benjamin seine Intentionen als Theorie mittlerer Reichweite aufgegriffen. «So bekommt die Kierkegaardsche Innerlichkeit ihren bestimmten Ort in der Geschichte und Gesellschaft. Ihr Modell ist das bürgerliche Interieur, in welchem historische und mythische Züge ineinandertreten. Mit gutem Griff hat Wiesengrund eine Anzahl von faszinierenden Beschreibungen derartiger Innenräume dem Werke Kierkegaards entnommen. In ihnen erweist sich die Innerlichkeit als ‹das geschichtliche Gefängnis des urgeschichtlichen Menschenwesens›[1].» Den Verfall der Innerlichkeit des bürgerlichen Subjekts hat Benjamin wie kaum ein anderer registriert. Dabei hat er auf die Psychologie völlig verzichtet, weil sie für ihn nicht Erkenntnis der Wandlungen der Innerlichkeit war, sondern Symptom ihres Verfalls. Insbesondere seine Proust-Interpretation zeigt, daß man die subtilsten psychologischen Reflexionen Prousts geschichtsphilosophisch erklären kann. Die unendliche Vertiefung des Subjekts in sich selbst führt zur Penelopearbeit des Eingedenkens, in der es ein zurück und ein tiefer in der Erinnerung gibt, aber aus dem es dann bei Proust nur den Ausbruch ins Nichtssagende des Elegant oder ins Perverse gibt. Wo das Psychologische gerechtfertigt ist, bei Dostojewski, ist es nur die Sphäre, in der in überreizter Sehnsucht nach Kindheit die Subjektivität einem ungeheuren Kratereinsturz gleicht[2].

Die Gravitation aller Dinge und Menschen gegen den Einen bei Dostojewski weist über das bürgerliche Subjekt hinaus. Zum Heiligen hat die Psychologie viel und nichts zu sagen. Aber die Psychologie ist nur von symptomatischer Bedeutung für die Geschichte der Innerlichkeit. Die Realität, der sie korreliert, ist das Interieur der Wohnstuben, das Mobiliar, ihr Komfort. Diese Realität ist wiederum Ausdruck der Technikgeschichte und Sozialgeschichte. Benjamin verweist auf Poe, bei dem dieser Zusammenhang deutlich ist. Zugleich gelingt es in einer Geschichte der Photographie zu zeigen, wie die modernen Reproduktionstechniken und schließlich die Massenproduktion die Aura der Innerlichkeit des Subjekts zu den Variablen der Evolution machen. Dann erscheint die bürgerliche Subjektivität als Kostüm. Ein Typus dieser Subjektivität ist der Exzentrik, dem Benjamin eine Zeit lang zuneigte. Aber Brechts radikale Kritik am ausgeleierten Exzentrik und Benjamins eigene Orientierung an der Strenge und Nüchternheit der Aufklärung führten ihn zu der Überzeugung, daß der Exzentrik kein Typus bürgerlicher Subjektivität ist, sondern ein Simulant und ein Produkt ihres Verfalls. Ebenso erschien ihm das Preziöse nicht ohne Komplizenschaft mit der Zeit. Sein zwiespältiges Urteil zu George und dem George-Kreis ist dafür beispielhaft. Benjamin ordnet George der Jugendbewegung zu. «Hier taucht, zunächst nur programmatisch, zum ersten Mal die Regression aus der sozialen in die natürliche und biologische Realität auf, welche seitdem wachsend sich als Symptom der Krise bestätigt hat. Das biologische Idol verbindet in der Idee des «Kreises» sich dem kosmischen. Daraus entsteht dann später die Figur des mythischen Vollenders Maximin[3].» Daher ist George «Vollender der Décadence[4]». Die Subjektivität regrediert als Jugend aus der sozialen Wirklichkeit in die Natur und wird schließlich zur kosmischen Figur des Vollenders entrückt. Der Entrückung und der Regression der Subjektivität entgegengesetzt ist ihre Parodie, der Snob. Benjamin bezeichnet den Snob als den Professional der Konsumtion. «Denn nichts anderes ist die Hal-

tung des Snob als die konsequente, organisierte, gestählte Betrachtung des Daseins vom chemisch-reinen Konsumentenstandpunkt[5].»
Einen radikalen Ausdruck findet die empörte Subjektivität durch Karl Kraus. In seinem unerhörten Haß gegen die Journalisten wüten noch Kräfte, die durch die Missetaten der Journalisten allein nicht in Gang gesetzt sind. Der Journalismus setzt nicht nur die autonome Subjektivität außer Kurs, sondern entwürdigt die Ideale, um deretwillen sich ein Protest lohnte. Da hilft nur Haß oder Takt als «die Fähigkeit, gesellschaftliche Verhältnisse, doch ohne von ihnen abzugehen, als Naturverhältnisse, ja selbst als paradiesische zu behandeln[6]». Die Journalisten zerstören die Subjektivität, weil sie die Macht der Korruption und Magie verkörpern. Sie produzieren Meinungen über Meinungen. «Denn Meinung ist die falsche Subjektivität, die sich von der Person abheben, dem Warenumlauf einverleiben läßt[7].» Karl Kraus setzt dem verzweifelt seine Subjektivität, die sich selbst zum Weltgericht macht, entgegen, in unerträglicher Selbstbespiegelung und Eitelkeit, aber in der Sprache echter Autorität.

Die Kategorie des Erfolgs

Benjamin akzeptierte den Verfall der bürgerlichen Subjektivität. Er versuchte Konsequenzen für die Beantwortung der Sinnfrage zu ziehen. Eine mögliche Antwort besteht darin, die neuen Massenkommunikationsmittel dazu zu benutzen, neue Formen gesitteter und geschickter Kommunikationen der Menschen untereinander zu lehren. Denn durch die Massenkommunikationsmittel wurden neue Verhaltensweisen und Normen propagiert.

Benjamin wollte, daß die neuen Umgangsformen, die die Menschen nach den Vorbildern der Massenmedien annehmen würden, nach bestimmten Regeln vorbildlich gemacht werden sollten. Dazu waren bestimmte Tugenden zu entwickeln. Besonders wichtig erschien Benjamin dabei die Höflichkeit, mit deren Hilfe man die neuen Konventionen präzise ausfüllen konnte. Ebenso wichtig wäre bei einer neuen konventionellen Regelung der Umgangsformen die Geduld. Die neuen Standarts des Schicklichen sollten mit einer Geschicklichkeit erlernt werden, die sich am Kriterium des Erfolgs orientiert. Der Erfolgreiche weist wirkliche Leistungen vor, aber er weiß, daß sich der Erfolg nicht den Leistungen verdankt, sondern der Geistesgegenwart, zur rechten Zeit am rechten Ort zu sein: «die Sprache verstehen, in der das Glück seine Abrede mit uns nimmt[8]». Der Erfolgreiche verbindet die Leistung mit dem Ingenium des Hochstaplers, mit der Improvisation. Er muß nicht einen Sacherfolg wollen, sondern ihn mit dem Schwergewicht der Selbstachtung untrennbar verknüpfen. Dabei müssen seine Motive einfach und durchsichtig sein und dem Bilderschatz der Masse entnommen werden. Das ständige Training, dem sich der Erfolgreiche unterwerfen muß, ist die Liebenswürdigkeit, mit der er befiehlt und durch die er überraschend, dialektisch, schwungvoll ein Lasso um den Partner wirft und ihn sich mit einem Ruck gefügig macht[9].

In Hörmodellen für den Rundfunk, an denen Benjamin mitwirkte, sollte gelehrt werden, daß man Alltagsprobleme durch die neue Konvention erfolgreich meistern kann. Die Aufgabe der verhaltensprägenden Massenmedien sollte eine didaktische sein. Durch die Massenmedien verliert die Aneignung der Bildungsgüter den auratischen Charakter innerlicher Übereinstimmung und wird didaktisch. Ein neues Kriterium für die wissenschaftliche Aufklärung mußte gewonnen werden: die Volkstümlichkeit.

Bei der Popularisierung achtete Benjamin auf die strengste Genauigkeit des Details. Mit dem Verfall der bürgerlichen Innerlichkeit ist eine neue Armseligkeit über die Menschen gekommen, die mit dem Prinzip der Technik unlösbar verbunden ist. Die Menschen leben mit einer Armut, die eine Armut an eigenen Erfahrungen ist. Daher bedürfen sie einer Mitteilbarkeit des Sinns durch die didaktisch rezipierten Massenkommunikationsmittel. Der Sinn muß mitteilbar und dem Alltag der Menschen kommensurabel sein. Es tritt daher eine neue Kategorie in den Vordergrund, diese Kategorie ist der «Rat».

Die Voraussetzung dieser Didaktik ist der Takt als die Akzeptierung der bestehenden gesellschaftlichen Verhältnisse. In den Hörmodellen geht es um die List des Überlebens in den Freiräumen des Systems, ohne daß das Ganze erschüttert wird[10].

Anthropologische Kategorien

Aber diese Armut der erfahrungslos gewordenen Menschen läßt die Figuren der comics zu neuen Leitbildern werden. Die Buntheit und leidenslose Munterkeit der Micky Maus hat Benjamin antizipierend als eine neue vorbildliche Daseinsinterpretation des Menschen erkannt. «Das Dasein von Micky Maus ist ein solcher Traum des heutigen Menschen[11].»

Dieser Konsequenz des Verschwindens der bürgerlichen Innerlichkeit konnte Benjamin nicht zustimmen. Er griff deshalb auf Traditionen zurück, die an der protestantisch-bürgerlichen Innerlichkeit vorbei tradiert worden waren. Ein Moment jüdischer Religiosität ist die Klage, in der den armen Seelen Schatten nie gelebten Lebens aufsteigen (Brecht, Kraus). Das Leid des Lebens fügt sich nicht der

Sprache des gesunden Menschenverstandes[12]. Deshalb gehört zu der Klage ein weiteres religiöses Motiv, die Scham. Sie wirkt sich dann darin aus, daß der Einzelne selbst bei vorbehaltloser Anerkennung der vergesellschafteten Sprache der Auslegung des Daseins doch eine gewisse Scheu vor dem Namen hat. Im Namen wirkt noch eine uralte Magie, die den Einzelnen in ein Kräftefeld von Ähnlichkeit einbezieht. Er ist keineswegs mit Identitätsproblemen befaßt, sondern im Namen bleibt ein Rest von Kreatur. Das hat nichts mit der christlichen Subjektivität oder Schöpfung zu tun, sondern das sind Momente jüdischer Mystik, die Benjamin der neuen Armseligkeit des Menschen entgegensetzte. Die Mitteilung dieser Dimension des Menschlichen ist notwendig apokryph. Sie verbirgt sich z. B. in dem Motiv des «Gewölk», das an verschiedenen Stellen bei Benjamin erscheint. Die Subjektivität hat sich gewissermaßen von der Person gelöst und schwebt als Gewölk über der Landschaft der Geschichte. Die Herkunft dieses Motivs ist wohl in Scheerbarts utopischem Roman «Lesabendio» zu finden, in dem die von der rastlosen Arbeit erfaßten Lebewesen eine Vereinigung mit dem «Kopfsystem des Planeten» erzwingen wollen und dabei das lebendige Gewölk, die Aura zerstören, die ihnen bis dahin das Kopfsystem verhüllt hat.

Am wenigsten apokryph ist dieser religiöse Vorbehalt gegen die Sozialisierung des Menschen in der Interpretation von Goethes Wahlverwandtschaften. Die magischen Kräfte der Wahlverwandtschaften sind Naturkräfte, denen Goethe ein naturwissenschaftliches Ansehen gab. Die Magie der Namen verbarg Goethe hinter einer konstruierenden Erklärung, die es jedem erlaubt, alle magischen Beziehungen aufgeklärt zu durchschauen und historisch zu erklären. Der höchste Repräsentant eines mit den Mitteln der Magie aus den Überbenennungen des Lebens herausgehobenen Menschen ist der Heilige. Dessen kreatürliches Dasein aber ist gefährdet durch das Vorrecht des Dämons: Zweideutigkeit[13]. Die Zweideutigkeit erzwingt auch, die Heilige – Ottilie in Goethes Wahlverwandtschaften – erst durch eine andere mythische Gewalt, das Opfer, dem Dämonischen zu entrücken. Denn es fehlt der magischen Tiefe und Versenkung des Menschen in das Reich der Ähnlichkeiten das messianische oder christliche Moment der Erlösung. Eine solche vermittelte Orientierung der Magie an einer ethischen, religiösen Vorstellung hatte für Benjamin die größte, auch persönliche Bedeutung. Sie liegt dem Satz von Leibniz nicht fern, daß die Naturgesetze Gedanken Gottes seien. «So sieht die Selbstbescheidung nun aus – kühner als die einstige Selbstbehauptung, die in dämonischer Selbstbespiegelung zerging. Nicht Reinheit und nicht Opfer sind Herr des Dämons geworden; wo aber Ursprung und Zerstörung einander finden, ist es mit seiner Herrschaft vorüber. Als ein Geschöpf aus Kind und Menschenfresser steht sein Bezwinger vor ihm: kein neuer Mensch; ein Unmensch; ein neuer Engel. Vielleicht von jenen einer, welche, nach dem Talmud, neue jeden Augenblick in unzähligen Scharen, geschaffen werden, um, nachdem sie vor Gott ihre Stimme erhoben haben, aufzuhören und in Nichts zu vergehen. Klagend, bezichtigend oder jubelnd[14]?» Benjamin hat das in Bezug auf Karl Kraus gesagt. Aber in der Ankündigung einer von ihm geplanten Zeitschrift «Angelus Novus» bezieht er das Erheben der Stimme vor Gott auf die Aufgabe der Zeitschrift, also auf seine eigene Lebensaufgabe[15]. Die von Benjamin aufgegriffenen religiösen Motive finden sich in besonderer Ausprägung bei Kafka. Kafka erkennt ihre Aktualität in demselben Zusammenhang, in den Benjamin sie stellt: in den Zusammenhang einer technologisch konstruierten Ordnung. Diese Ordnungen werden von den Menschen in den religiösen Mustern der Ahnenfurcht und den psychoanalytisch deutbaren der Väter erfahren. Aber sie reagieren auf die bedrängenden Gewalten nicht im Sinne der politischen Ethik der bürgerlichen Aufklärung. Die Impulse, die anfangs Einzelne entwickeln, um die Autonomie ihres Handelns herzustellen, um die Anklage kennenzulernen, ein regelrechtes Verfahren zu erzwingen, ein Urteil herbeizuführen usw., sind schwach und in geheimem Einverständnis mit ihrer Sinnlosigkeit. Hoffnung gibt es allein für die Unfertigen, Ungeschickten, für die geschäftigen Boten und Gehilfen. Gegen das furchtbare Gedächtnis der richtenden Gewalt kann man nur Aufschub erlangen, um das Kommende hinauszuschieben bis an das Ende der Tage[16]. Es ist wieder eine Welt der Gesetze, der Schuld, der Väter und Ahnen, eine vormythische Welt, voller vorweltlicher Gewalten, die als die weltliche unserer Tage erscheint. Es ist eine Welt, für die das messianische Erlösungslicht erloschen ist und die geordnet ist, als hätte es nie eine christliche Befreiung der Subjektivität gegeben.

Die Frage ist, wie die Kategorie des Glücks dennoch zu halten ist. Es gibt einen Umschlag aus der Preisgegebenheit des Einzelnen, deren Gefühl in der Erinnerung zum Lebensglück zusammenschließen kann[17]. In diesem Zusammenhang kann man die Kategorie des Glücks im Sinne des «Glück gehabt»[18] verwenden. Ohne ein solches «Glück gehabt» ist die große Leistung eines Lebens nicht erreichbar. Benjamin nennt sie die Musterschüler des Lebens, die den Anteil des Glücks nicht wahrhaben wollen und die Leistung durch Mühen, Jammer und Enttäuschung dem Leben abzwingen wollen. «Es gibt nun aber einen zwiefachen Glückswillen, eine Dialektik des Glücks. Eine hymnische und eine elegische Glücksgestalt. Die eine: das Unerhörte, das Niedagewesene, der Gipfel der Seligkeit. Die andere: das ewige Nocheinmal, die ewige Restauration des ursprünglichen, ersten Glücks[19].»

Diese religiöse Haltung gegenüber dem Glück nennt Benjamin auch «Ehrfurcht im Nehmen» und bestimmt sie als «uralte sittliche Erfahrung»[20]. Glück ist daher nicht nur das Gefühl der Ohnmacht gegenüber dem Schicksal im Sinne archaischer Gottesfurcht, sondern auch eine sittliche Erfahrung, eben doch der so gefährdeten Subjektivität. «Glücklichsein heißt ohne Schrecken seiner selbst innewerden können[21].» Der Anteil der Subjektivität an dem Glücklichsein kann in «den alten asketischen Übungen des Fastens, der Keuschheit, des Wachsens ihre höchsten Triumpfe feiern». Der Tag wird der Subjektivität zum feinen, unvergleichlich dichten Gewebe reinlicher Weissagung. Das Glück hängt daran[22]. Wenn es in einem späten Fragment heißt: «Die Ordnung des Profanen hat sich aufzurichten an der Idee des Glücks[23]», dann hat diese Forderung in dem messianischen Zusammenhang, in dem sie erhoben wird, auch eine ethische Komponente für den Einzelnen. Die «süße herzstärkende Skepsis», die von der «Vision des Glücks untrennbar» ist, wird es nicht erlauben, den Anteil des Einzelnen am Glück im Profanen zu überfordern; aber es «wiegt jede kleinste angeschaute Zelle Welt soviel wie der Rest aller Wirklichkeit[24]». «Denn wer kann mehr von seinem Dasein sagen, als daß er zwei, drei anderen durch ihr Leben so zärtlich und so nah wie das Wetter gezogen ist[25].» Am eindeutigsten findet dieser Gedanke seine ethische Form in Benjamins grossartiger Würdigung der Erzieherin Anne Macy, der Lehrerin von Helen Keller. «Und in welchem Lichte muß die Epoche, in der solche Expedition ‹durch Nacht und Eis› unternommen und durchgeführt worden ist, vor unseren Augen stehen, die für Millionen das nahen sehen, wovor eine Einzige zu retten 1887 noch das Ziel eines Lebens werden konnte.» «Ähnliches begegnet bei Religionsstiftern[26].»

Die bürgerliche Subjektivität

Es gibt bei Benjamin eine weitere Antwort auf den drohenden Verlust der bürgerlichen Subjektivität. Neben den interpretierten Antworten einer neuen Konvention und der jüdisch-religiösen Antwort gibt es die politische. Sie ist notwendig, weil er eben für Millionen nahen sieht, was das Schicksal der Blinden und Tauben bestimmt.

Bei einer sinnvollen politischen Praxis tauchen die von der Dekadenz so unwiederbringlich verabschiedeten Tugenden der bürgerlichen Subjektivität wieder auf. Für Lenin war z. B. die «Verantwortung» eine der wichtigsten Tugenden[27]. Benjamin hat den Faschismus frühzeitig auch als theoretische Position erkannt, die schrecklichen politischen Konsequenzen vorhergesehen, und er ist Opfer des Faschismus geworden. Die Gründe, die Benjamin hatte, die einzige politische Alternative im Kommunismus zu sehen, hat er nicht dargelegt. Aber es wäre vordergründig, die Gründe nur in persönlicher Beeinflussung zu sehen, durch Brecht, wie Adorno es tadelt, oder durch die russische Kommunistin Asja Lacis, die für Scholem den entscheidenden Einfluß auf Benjamin gehabt hat. Sicher hat für Benjamin die persönliche Entschiedenheit dieser Mentoren und ihre geistige Überzeugungskraft viel bedeutet. Aber es gab auch eigene politische Gründe. Am wichtigsten war die Einsicht, daß die meisten nicht-marxistischen Positionen mehr oder weniger esoterisch dem Faschismus in die Hände zu fallen bestimmt waren. Besonders trostlos erschien ihm die linksradikale Intelligenz, die freischwebend, in unpolitischer Nähe zur Sozialdemokratie, dem Literatendasein lebte. Es gab auch damals keine Position der Mitte auf dem Niveau des Marxismus. Benjamin selbst hatte keine Mittel und wohl auch keine Voraussetzung, eine solche Position zu formulieren oder gar durchzusetzen. Sein Konzept einer neuen Konvention weist aber in diese Richtung.

Das eigentlich Irritierende für sein eigenes Selbstverständnis mußten Brechts und des Kommunismus grenzenlose Verachtung für das Recht sein. Denn in seiner Abhandlung zur «Kritik der Gewalt» hatte Benjamin die geschichtliche Bedeutung der Rechtsordnung erkannt und legitimiert. Auch in späteren Schriften gibt es Passagen, die zeigen, daß er die Bedeutung der Rechtsordnung nach wie vor kennt. Aber die Besessenheit, mit der Brecht das herrschende Recht als das Recht der Herrschenden denunziert, führte dazu, daß auch Benjamin den Klassenkampf mit der Abschaffung der Rechtsordnung bejahte. «Den Arm der Justizia durch den der Revolution ersetzt zu sehen, war das Lehrreiche dieses Abends», eines Vortragsabends mit dem Bolschewisten Brick im Jahre 1930[28]. In einer kurzen Entgegnung auf eine pazifistische Argumentation aus der gleichen Zeit sagt Benjamin, daß in einer solchen Situation die pazifistische Weigerung, Gewalt zu rechtfertigen, eben nur dem Gewaltigen das Feld überläßt. «– wenn wir mithin das Tugendideal für die Erziehung des Einzelnen verabschiedet haben, ist es dann nicht ein trostloser Dilletantismus, die Vernunft als Gouvernante über die Klassen zu setzen[29]?» Ein vernünftiger Einsatz von Gewalt ist das Problem des Zeitpunktes, an dem diese Gewalt eine brennende Zündschnur durchschneidet. In einer längeren Passage über den Klassenkampf sagt Benjamin, daß das Proletariat nicht irgendwann die Bourgeoisie besiegen wird, sondern daß die Bourgeoisie an ihren eigenen Widersprüchen untergeht und daß das Proletariat zu einem bestimmten Zeitpunkt, nur einen Augenblick lang, die Chance hat, die brennende Zündschnur durchzuschneiden[30]. Das Proletariat hat nach Benjamin zweierlei zu leisten; es hat die Lehre in ganz neuer Form zu institutionalisieren[31], und es muß die Disziplin aufbringen, die den neuen Leib der Menschheit, der in den Massen der Industriegesellschaften entsteht, durch die Disziplin vor dem Taumel der Vernichtung retten[32].

Diese politische Antwort Benjamins ist auf die konkrete politische Situation bezogen, in der sie gefordert war. Sie eilfertig zur Rechtfertigung des Klassenkampfes in einer anderen Situation heranzuziehen, ist fragwürdig. Für solche Optionen ist immer die konkrete Interpretation einer konkreten geschichtlichen Konstellation entscheidend. Ein Anarchist, wie Habermas interpretiert, war Benjamin nicht. Klassenkampf zur Abschaffung von Herrschaft überhaupt und als solcher war für ihn kein politisches Ziel. Es spricht viel dafür, daß er ein System akzeptiert hätte, in dem mindestens die formalen Prozeduren einer Rechtsordnung zugunsten der Betroffenen befolgt werden[33].

Benjamin hat zwar vor allem in den Jahren 1920 bis 1933 in seinen Interpretationen auch von der Verfallsthese Gebrauch gemacht. Aber er hat sie schon zu dieser Zeit nicht strikt gehandhabt. So sind etwa in den mit Willy Haas gemeinsam veröffentlichten Texten «Vom Weltbürger zum Großbürger» die von Benjamin ausgewählten und kommentierten Texte zweifelsfrei daran zu erkennen, daß er die Raster der marxistischen Verfallsthese des bürgerlichen Subjekts nicht so unnachsichtig wie Haas das historische Material ordnen läßt[34]. In den von Benjamin ausgewählten Texten ist es die ernste und polemische Sittlichkeit von Bürgern, in deren Perspektive eine Kritik des 19. Jahrhundert möglich wird. Ohne die Authentizität einer fühlenden Empörung bekämen die Informationen über die inneren Widersprüche der verelendenden, prosperierenden Gesellschaften des 19. Jahrhunderts selber etwas von der brutalen Banalität des Kritisierten. In den folgenden Jahren nahmen bei Benjamin

die Arbeiten an einer rettenden Kritik der bürgerlichen Subjektivität zu. Nirgendwo ist der Abstand Benjamins von der Dekadenz, vom kulturkritischen Nihilismus der Frankfurter Schule und von vulgärmarxistischen Verdikten über die bürgerliche Epoche weiter entfernt als in seiner Briefsammlung «Deutsche Menschen», die 1936 erschien. Das ist nur verständlich, wenn man Benjamins Arbeit von dem Impuls des Rettens her interpretiert. Wenn er die Aufmerksamkeit als das Wunder des Rettens bestimmt, dann ist seine Arbeit nichts anderes als diese gespannteste Aufmerksamkeit[35]. Benjamin bestimmt die Aufmerksamkeit kaum irgendwo so eindringlich wie in dem Essay «Der Erzähler». Erinnerung, Gedächtnis und Eingedenken bedürfen einer unterschiedlichen Arbeit. Das Eingedenken ist die Arbeit des Romans (Proust), das Gedächtnis die des Erzählers (Lesskow), die Erinnerung die Einheit beider im Epos. «Es ist nicht verwunderlich, daß für einen einfachen Mann aus dem Volk, wie Lesskow sich ihn eines Tages ausgedacht hat, der Zar, der das Haupt des Weltkreises ist, in dem sich seine Geschichten ereignen, über das umfassendste Gedächtnis verfügt. ‹Unser Kaiser›, so heißt es da, ‹und seine ganze Familie haben in der Tat ein ganz erstaunliches Gedächtnis›[36].»
Selbst die von der Aufklärung scheinbar vernichtete religiöse Rechtfertigung persönlicher Herrschaft hat also für Benjamin eine Wahrheit, deren Rettung zu unterlassen das Gedächtnis der Menschheit verarmen läßt. Das Gedächtnis aber speichert nicht Informationen, die das gelebte Leben zitieren machen, sondern das geschichtliche Gedächtnis wird von einer Eifersucht stürmisch erneuert, die der Eifersucht Gottes kommensurabel ist: «wer hier einmal wohnt, der soll in nichts ihm gleichen[37].» In diesem Zusammenhang kann auch die Geschichte, die Herodot berichtet, gehören, nach der der besiegte Ägypterkönig Psammenit starr dem Beutezug zusieht, der zu seiner

Demütigung an ihm vorübergeführt wird. Erst als er einen alten Sklaven unter den Gefangenen sieht, zeigt er tiefe Trauer[38]. Benjamin deutet das Rätsel dieses Vorgangs nicht. Es ist wohl auch das Rätsel der Erinnerung, das hier in der Geste des Verhüllens, im Schmerz kundgegeben wird. Wenn auch die Kritik recht hätte, daß mit den gesellschaftlichen Voraussetzungen die Möglichkeit eines solchen eifersüchtigen, persönlichen Gedächtnisses vergangen ist, die rettende Kritik nimmt sich ihrer Inhalte an. «‹Niemand›, sagt Pascal, ‹stirbt so arm, daß er nicht irgend etwas hinterläßt›. Gewiß auch an Erinnerungen – nur daß diese nicht immer einen Erben finden[39].» Ernst Bloch scheint darin Benjamin nahe zu sein, daß allein die rettende Kritik den Opfern der Geschichte ihr ‹vergebens› abringt. Aber der rasche Schnitt, mit dem Bloch die messianischen Hoffnungsinhalte der Geschichte von den verlorenen trennt, wird Benjamins Intention des Rettens, der zarten Empirie[40] in keiner Weise gerecht. Es ist kein zureichendes Kriterium für ein Urteil, ob die Menschen zu ihrer Zeit «fortschrittlich – links – unterdrückt» oder «konservativ – autoritär – herrschend» waren. Benjamin verfügte noch über andere Kriterien, wenn er sich z. B. darum bemüht, den Erinnerungen der Bürger Erben zu finden. Die Briefsammlung «Deutsche Menschen» schließt mit den Sätzen Schlegels an Schleiermacher: «Es wäre gut, wenn Du etwas dabei fühltest, denn es könnte Dich veranlassen, wenigstens ein einziges Mal eine Ausnahme von Deiner Exegese zu machen und es allenfalls, wenn es Dein Verstand zuläßt, als Hypothese zu denken, daß Du mich vielleicht von Anfang bis zu Ende durchaus nicht verstanden hättest. Und so bliebe wenigstens die Hoffnung, daß wir uns in künftigen Zeiten einmal verstehen lernten. Und ohne einen Schimmer dieser Hoffnung würde es mir an Mut fehlen, jenes Lebewohl zu sagen. Beantworte es nicht[41].» Es entspricht Benjamins Mitteilung, daß diese abschließenden Sätze viele Beziehungen andeuten. Es ist ein Lebewohl des Emigranten, der aus der Kultur deutscher Menschen ausgemerzt wird. Es ist auch ein Abschied von den deutschen Menschen, die in der Briefsammlung so unvergleichlich die Humanität des bürgerlichen Subjekts bezeugen. Es ist schließlich ein verzweifelter Appell an die Deutschen, in ihrer Exegese eine Ausnahme zu machen und ihre bürgerliche Tradition zu verstehen.

Die in der Briefsammlung enthaltene Rettung des bürgerlichen Subjekts läßt sich nicht angemessen referieren. Benjamin ließ nicht zufällig das bürgerliche Subjekt selbst sprechen. Er begnügte sich mit dem Kommentar.

Einen Aspekt einer solchen Apologie des bürgerlichen Subjekts führt er in seinem Essay «Eduard Fuchs, der Sammler und der Historiker» durch. Dieser Essay ist auch deshalb wichtig, weil bei Fuchs die proletarische und die bürgerliche Existenz ineinander übergehen. In Fuchs kollidiert der bürgerliche Moralismus, dessen Herkunft in der «grämlichen Sittenstrenge» eines F. C. Schlosser zu finden ist, mit Bestandteilen seines Materialismus. Er wirft bestimmten politisierenden Bürgern Gewissenlosigkeit vor. Das Gewissen selbst bleibt für Fuchs die kritische Instanz. Die «kritische Theorie» der Frankfurter Schule, – Benjamin zitiert Horkheimer – ist da radikaler und erklärt das Gewissen selber als Bestandteil der bürgerlichen Klassenherrschaft. Benjamin lehnt eine solche zynische Unterstellung ab, daß Ausbeutung ein falsches Bewußtsein bedinge[42]. Wenn Hegel in der Rechtsphilosophie (§ 132) über das Gewissen sagt: Das Recht, nichts anzuerkennen, was ich nicht als vernünftig einsehe, ist das höchste Recht des Subjekts, aber durch seine subjektive Bestimmung zugleich formell, und das Recht des Vernünftigen als des Objektiven an das Subjekt bleibt dagegen fest stehen –, dann ist diese Aussage nicht billig als falsches Bewußtsein abzutun. Ein ideologiekritisch des Gewissens entledigtes Menschenkind wird nicht wissen, warum es die kleinbürgerliche Systemsprengung durch Nacktkultur nicht für Befreiung halten soll[43]. Die Ungereimtheiten einer bürgerlichen und proletarischen Existenz gehen bei Fuchs eine Vermittlung ein, deren Typus der Sammler ist. Der Wunsch des Besitzes verbindet sich mit der Einsicht in den besonderen Charakter der Massenproduktion. «Der Blick auf die verachteten, apokryphen Dinge macht seine eigentliche Stärke aus. Und den Weg zu ihnen, von welchem ihm der Marxismus kaum mehr als den Anfang gezeigt hatte, bahnte er sich als Sammler auf eigene Faust. Dazu bedurfte es einer an das Maniakalische grenzenden Leidenschaft ... so unternahm dieser Sammler, indem er den niederen Wunsch des Besitzers befriedigte, die Durchforschung einer Kunst, in deren Schöpfung die Produktivkräfte und die Massen zu Bildern des geschichtlichen Menschen zusammentreten[44].» Das wenige, was Benjamin über das proletarische Leben sagt, ist nicht von dem unterschieden, was er über die Deutschen Menschen, über die Bürger sagt: Sinn für Ordnung, Disziplin, Lakonismus, Sachlichkeit, Härte gegen Entbehrungen und Solidarität, in der nicht jeder jedem zum psychologischen Kammerdiener wird. Das neue ist allerdings das kollektive Dasein der Massen. Das Leben in den Massen erfordert Konvention, als Höflichkeit, Takt, Geduld und eine spröde Zuneigung.

Humanisierung heißt dann, sich den Spuren zuwenden, in denen die Arbeit der Namenlosen bewahrt ist.

Anmerkungen

1 W. Benjamin: Gesammelte Schriften, Band III, a. a. O. 382
2 W. Benjamin: Angelus Novus, a. a. O. 188 f.
3 A. a. O. 476

4 A. a. O. 481
5 Gesammelte Schriften, Bd. III, 363 f.
6 A. a. O. 377
7 A. a. O. 382
8 Gesammelte Schriften, Bd. IV, 351
9 A. a. O. 350
10 A. a. O. 689
11 Gesammelte Schriften, Bd. III, 317
12 Gesammelte Schriften, Bd. IV, 371
13 A. a. O. 516
14 Gesammelte Schriften, Bd. III, 407 f.
15 W. Benjamin: Aegelus Novus, a. a. O. 374
16 A. a. O. 257
17 Gesammelte Schriften, Bd. IV, 88
18 A. a. O. 351
19 Gesammelte Schriften, Bd. III, 357 f.
20 Gesammelte Schriften, Bd. IV, 101
21 A. a. O. 113
22 A. a. O. 142
23 Gesammelte Schriften, Bd. III, a. a. O. 280
24 W. Benjamin: Angelus Novus, a. a. O. 388 f.
25 Gesammelte Schriften, Bd. IV, 143
26 A. a. O. 601
27 Gesammelte Schriften, Bd. III, 53
28 Gesammelte Schriften, Bd. IV, 595
29 A. a. O. 463
30 A. a. O. 122
31 A. a. O. 554
32 A. a. O. 148
33 A. a. O. 469 f.
34 A. a. O. 1090 f.
35 A. a. O. 95
36 Gesammelte Schriften, Bd. III, 424
37 Gesammelte Schriften, Bd. IV, 86
38 Gesammelte Schriften, Bd. III, 416
39 A. a. O. 425
40 W. Benjamin: Angelus Novus, a. a. O. 381
41 Gesammelte Schriften, Bd. IV, 233
42 W. Benjamin: Angelus Novus, a. a. O. 526 f.
43 A. a. O. 528
44 A. a. O. 335

DIE GROSSE STADT

Benjamin hat sich den Fragen einer Theorie der Großen Stadt unter einem einzigen Gesichtspunkt zugewandt: der Existenz des Einzelnen in und gegenüber der Großen Stadt. Diese Einschränkung ist sehr bedeutsam. Die seit einigen Jahren zunehmende theoretische Arbeit am Phänomen Großstadt hat dieses Kriterium nicht so wie Benjamin zum entscheidenden gemacht. Der Akzent liegt häufig auf den Fragen der Infrastruktur, der Finanzierung, der gesetzlichen Regelung und der Verwaltung. Selbst der Terminus von der «Wohnlichkeit» der Städte orientiert sich nicht so sehr am Leben eines Einzelnen, sondern an den Chancen von Bevölkerungsmassen, globale, gemeinsame Bedürfnisse befriedigen zu können. Das Programm der «Humanisierung» gewinnt seine Kriterien durch Aufstellung der Wünsche von für relevant gehaltenen, massenhaft lebenden Teilgruppen der Gesellschaft. Damit wird bereits als selbstverständlich vorausgesetzt, was selber eine Konsequenz des Lebens in der Großen Stadt ist: die Relevanz von Bedürfnissen, wenn eine genügend große und bemerkenswerte Masse sie artikuliert oder nach Meinung ihrer Interessenvertreter artikulieren sollte. Eine solche Problemstellung kann erst dann als zureichend empfunden werden, wenn sich die Einzelnen mit der Masse, als die sie politisch Berücksichtigung finden können, bereits identifiziert haben. Die Veränderung, die aus der Sicht Benjamins die Menschen noch vor sich hatten, scheint sich nun bereits problemlos vollzogen zu haben: die Identifikation von Einzelbedürfnissen und den

Bedürfnissen repräsentativer, homogener Massen. Was im 19. Jahrhundert noch schreckliche Utopie war, eine «Maschinerie aus Menschen» und eine Praxis, in der Menschen nur noch Daten von Organisation und Verwaltung sind[1], ist schon selbstverständliche Existenzbedingung des Lebens in der Großen Stadt geworden. Die Konfigurationen des Lebens haben längst als Kollektiv sich verwirklicht. Der abstrakt so erschreckende Gedanke der Aufhebung des Einzelnen ins Kollektiv ist konkret in der Großen Stadt Wirklichkeit. Die Homogenität der Massen entwickelt sich gleichzeitig mit der Homogenität der industriellen Produktion[2]. In der Periode der Entstehung der Großen Stadt seit der Mitte des 19. Jahrhunderts ist das Bemerkenswerteste für ihre Besucher die Prostitution. Es war ein Topos der Darstellung der Stadt, sie in ihrem Wesen mit der Straßenprostitution gleichzusetzen. Das Phänomen der Masse ist hier am erschreckendsten, ebenso die Darbietung von Menschen als Massenartikel, als Ware. «Die Prostitution eröffnet die Möglichkeit einer mythischen Kommunion mit der Masse. Die Entstehung der Masse ist aber gleichzeitig mit der Massenproduktion. Die Prostitution scheint zugleich die Möglichkeit zu enthalten, es in einem Lebensraum auszuhalten, in dem die Objekte unseres nächsten Gebrauchs mehr und mehr Massenartikel geworden sind. In der Prostitution der großen Städte wird das Weib selber zum Massenartikel[3].» Die konservative Kritik an der Stadt ist deshalb so alt wie die Stadt selbst. Diese Kritik ist prinzipiell. Zwar äußert sie sich durch psychische Abwehrreaktionen, aber hinter dem Ekel, der Angst, dem Protest gegenüber der Stadt steht eine Abwehr der Veränderungen, die die Stadt dem menschlichen Wesen zufügt. Benjamin spricht von der Ohnmacht gegenüber der Stadt[4], von ihrer Trostlosigkeit. «Die neue Trostlosigkeit von Paris geht als ein wesentliches Moment in das Bild der Moderne ein[5].» Die Bürger des 19. Jahrhunderts bringen ihren «Haß gegen die wurzellose Großstadtbevölkerung zum Ausdruck ... Der unmenschliche Charakter der Großstadt beginnt, ihnen bewußt zu werden[6].» Dieser Haß gegen die Stadt ist sehr begründet. Die Großstädte sind die «Ruinen der Bourgeoisie[7]». Die Bourgeoisie hat sie mit der modernen Industrie hervorgebracht, und sie geht in ihnen unter, noch ehe sie ganz sie selbst geworden ist. «Mit der Erschütterung der Warenwirtschaft beginnen wir, die Monumente der Bourgeoisie als Ruinen zu erkennen, noch ehe sie zerfallen sind[8].» Das Prinzipielle der Großstadt, das die Bourgeoisie als ihre Zerstörung ahnt und erfährt, ist die Entstehung der Massen. Benjamin vollzieht an drei Reaktionen des 19. Jahrhunderts diesen Weg der Bourgeoisie nach. Bei E. T. A. Hoffmann ist es der Gelähmte, der an einem Fenster sitzt und die Massen auf der Straße mit dem Opernglas mustert. Bei Poe ist es ein Beobachter aus einem öffentlichen Lokal, der voll Angst, Widerwillen und Grauen die Devotion und Wildheit der drängenden Masse sieht. Düster und zerfahren eilt die Menge, sie ist dem Beobachter gespenstisch, er selbst noch wirklich, aber bedroht in seiner Wirklichkeit. Bei Friedrich Engels löst die Begegnung mit der amorphen Masse die Reaktion der Empörung der menschlichen Natur aus. «Für Engels hat die Menge etwas Bestürzendes. Sie löst eine moralische Reaktion bei ihm aus. Eine ästhetische spielt daneben mit[9].» Den moralisch-ästhetischen Widerwillen bei Engels nennt Benjamin «altväterlich», aber bei Engels tritt als Neues «die Versuchung» hervor, sich der Masse als etwas Natürlichem hinzugeben, in ihr aufgehoben, bewegt und geborgen zu sein. Das Nicht-bürgerliche der Großstadt ist eben diese Aufhebung des Individualismus ins Kollektive. Den ersten affirmativen Ausdruck findet die neue Daseinsweise des Menschen bei Baudelaire. Alle Züge, die Benjamin über die Entwicklung

von Großstadt und zerfallender bürgerlicher Kultur zusammengetragen hat, lassen sich erst aneignen, wenn einmal der Nachlaß zugänglich gemacht worden ist. Baudelaire hat hier eine besondere Bedeutung. Konkret wird die Bedrohung durch die Großstadt, wo sie als politische wirksam wird. Die Bedrohung liegt in der Spontaneität von Massenaufmärschen und in der Eignung der Städte für den Guerillakrieg. «Für das tiefste, unbewußte Dasein der Massen sind Freudenfeste und Feuersbrünste nur Spiel, an dem sie auf den ungeheuren Augenblick des Mündigwerdens sich vorbereitet, auf die Stunde, da Panik und Fest, nach langer Brudertrennung sich erkennend, im revolutionären Aufstand einander umarmen[10].»
Panik und Fest der Massen ist die eine Quelle der Revolte, die andere ist der erst durch die Großstadt möglich gewordene permanente Aufstand des anarchistischen Berufsrevolutionärs. Die Theorie und Praxis der anarchistischen Sabotage entsteht in den Städten als den künftigen Kriegsschauplätzen des Bürgerkriegs[11].

Der Flaneur

Die Großstadt hat der Bourgeoisie ihre Demimonde und ihre Subkultur gebracht. Der Bürger entwickelt eine Fähigkeit, der Stadt zu begegnen. Benjamin faßt sie mit dem Bild des Flaneurs. Das Flanieren erlaubt dem Bürger, dabeizusein auf den Straßen und die Distanz des Fremdlings zu wahren. Es «ist der Blick des Allegorikers, der die Stadt trifft, der Blick des Entfremdeten. Es ist der Blick des Flaneurs, dessen Lebensform die kommende trostlose des Großstadtmenschen noch mit einem versöhnenden Schimmer umspielt. Der Flaneur steht noch auf der Schwelle, der Großstadt sowohl wie der Bürgerklasse[12]». Der Flaneur war nur eine Episode im Prozeß des Verschwindens der bürgerlichen Subjektivität in der Stadt. Benjamin selbst steht zwiespältig zu der Figur des Flaneurs. Er hat versucht, Städte flanierend mit der Erlebniskapazität zu fassen, die gerade durch die Stadt reduziert wird. Der Surrealismus ist das getreue Protokoll des Erlebnisses des in die Stadt verschlagenen Bürgers. Erst das Flanieren der Bilder im Film und das Erleben der Stadt mit den Augen des Automobilisten ließen den Flaneur zu einem kollektiven Typus des Bürgers im Abgang seiner Klasse werden[13]. Die Stadt selber entwikkelte sich so schnell weiter, daß das Flanieren unmöglich und unglaubhaft wurde. «Von der Menge mit Stößen bedacht worden zu sein, hebt Beaudelaire unter allen Erfahrungen, die sein Leben zu dem gemacht haben, was es geworden ist, als die maßgebliche heraus, als die unverwechselbare. Ihm ist der Schein einer in sich bewegten, in sich beseelten Menge, in den der Flaneur vergafft war, ausgegangen[14].» Die Bewegung des Einzelnen in den großstädtischen Massen nimmt den Charakter eines Kampfes ums bloße Dasein an. Es ist eine Konsequenz des Lebens in der Stadt selber, daß «der Flaneur vom philosophischen Spaziergänger sich entfernen und die Züge des unstet in der sozialen Wildnis schweifenden Werwolfs bekommen konnte[15]». Der Flaneur mußte mit bestimmten Straßen, Plätzen und Namen Erlebnisse und Erinnerungen verbinden können. Das Vertraute mußte ihm exotisch werden, das Exotische von Kindheit an oder durch Kindheit vertraut sein. Der Flaneur mußte gegenüber der Realität über die Fähigkeit einer Dialektik von Nähe und Ferne verfügen. Er trat der Stadt zu nah, oder er sah sie aus der Ferne durch den Schleier der bewegten Massen[16]. Die Erinnerung ist ein ganz untaugliches Mittel, um sich in der Stadt heimisch fühlen zu können. Denn die Straßenzüge sind bald verändert oder verschwunden, die

Plätze durch neue Verkehrswege unzugänglich geworden und die Ecken und Hinterhöfe verschwunden.
«Baudelaire hat das grausame Wort von der Stadt, die schneller als ein Menschenherz sich wandle, gesprochen[17].» Die für den Bürger gefüllten Begriffe der Heimat und des Wohnens werden in der Großen Stadt unzutreffend. Die Regeln seines Verhaltens sind nicht das Ergebnis von Gewohnheit, in der noch auf das Wohnen angespielt ist, sondern von Dressur[18]. Die Dressur regelt das Verhalten in der Wildnis der Städte; der Automobilist ist nicht mehr Flaneur, sondern Sportler. Für die Große Stadt ist der ihr gemäße Sport auch der faszinierendste gewesen: «Berliner Straßen sind – wie eine frisch gefegte leere Rennbahn, auf der ein Feld von Sechstagefahrern trostlos voranhastet[19].» Dressur unterscheidet sich von der Gewohnheit durch die Abstraktion von unmittelbarem Sinn. In der Dressur geht es um die Gleichförmigkeit absurder Art, nicht um die Stabilisierung sinngeleiteter Handlungen. Deshalb ist es tendenziell gleichgültig, in welcher Stadt sich der Mensch bewegt. Der Gleichförmigkeit dressierter Reaktionen entspricht die Gleichförmigkeit der Aufgabenstellung. In Subjektivität gegründete Gewohnheiten behindern das Verhalten in der Stadt, die sich schneller ändert als die Subjektivität. «Es gibt aber ... eine Gegend, mit der dies Subjekt tiefer als mit jeder anderen, die es bewußt in ihr erlebte, verbunden ist[20].» Proust war der erste, der die Orte, an die das Subjekt tief gebunden ist, nur noch in der Erinnerung suchte, während sie durch ein Wiederaufsuchen der längst verschwundenen Orte zerstört wird. Dennoch lebt das Flanieren auf eine charakteristisch veränderte Weise fort. Es ist ein Flanieren im Getto der Einkaufsviertel der Stadt. «Die Menge ist der Schleier, durch den hindurch dem Flaneur die gewohnte Stadt als Phantasmagorie winkt. In ihr ist sie bald Landschaft, bald Stube. Beide

bauen dann das Warenhaus auf, das die Flanerie selbst zum Warenumsatz nutzbar macht. Das Warenhaus ist der letzte Streich des Flaneurs[21].»

Stadt und Ware

Die Große Stadt hat ihre eigene Entsprechung und Vollendung erst in der innersten Übereinstimmung von Stadt und Ware. Die Individualität ist selbst mit der Nuance identisch, durch die sich gleiche Waren unterscheiden. Das Auftauchen, Verschwinden und unbemerkbare Ersetzen von Waren durch andere in der Massenproduktion verwirklicht ein neues Gesetz der Geschichte: das Neue und Immergleiche. Dieser Regel gehorchen die Aufbauten immer neuer Städte, die Produktion der Waren und die Registrierung von Kunden in den Umsatzstatistiken. Gleichzeitig mit den Großen Städten werden die Warenausstellungen immer wichtiger. Die ganze Welt stellt sich auf den Weltausstellungen als Ware aus. «Weltausstellungen sind Wallfahrtsstätten zum Fetisch Ware[22].» Die Ware hat Momente des Kultus in ihrer Darbietung. Die Ausstellung und die Belebung des Anorganischen machen die Ware zu einer so noch nie dagewesenen Realität. Mit ihnen ist ein ganz neuer Modus des Seins hervorgetreten. Das Sein des Menschen wird in der Großen Stadt diesem Sein der Ware ähnlich. Der entscheidende Begriff in diesem Zusammenhang ist für Benjamin die Phantasmagorie. Das Warenhaus unterliegt nicht mehr den natürlichen Bedingungen von Raum und Zeit. Altern und Verfall sind ersetzt durch das Neue und Immergleiche. Das Warenhaus ist eine neue Welt der Phantasmagorie. Tag und Nacht, Jahreszeit und Geschichte sind ebenso irrelevant wie Oben und Unten, Weg und Irrweg, Wohnung und Straße. Tendenziell wird in der Phantasmagorie der Ausstellung der Waren die Trennung von Lebensstätte und Arbeitsstätte, die bürgerliche Trennung von öffentlich und privat wieder aufgehoben. Im Interieur der Menschen befinden sich die gleichen Waren; die Homogenität des Wohnens zeugt vom Verfall der Innerlichkeit, wo Interieur selber Ware ist[23]. «Eine Reihe unerforschlicher Massive, nein Höhlen von Waren – das war ‹die Stadt›[24].» Das Neue und Immergleiche hat auch den Charakter der Sensation, des Besonderen, Herausfallenden verändert. In der Kleinstadt oder auf dem Dorf war die Sensation an das einmalige Ereignis gebunden. Die Orte und Personen waren bekannt, unverwechselbar. Sie waren fortan in die Aura des Sensationellen als ihre eigene gehüllt. Die Sensation in der Großstadt dagegen hat den Charakter des Einmaligen, Besonderen, Bekannten eingebüßt. Die Namen der Betroffenen werden abgekürzt, oder nur die Berufe genannt. Damit ist die Aura der kollektiven Erregung zerstört. Baudelaire «hat den Preis bezeichnet, um welchen die Sensation der Moderne zu haben ist: die Zertrümmerung der Aura im Chokerlebnis[25].»

Die Verweigerung des Blicks

An die Stelle des «Erlebnis» des Bürgers ist der Schock getreten, wie an die Stelle seiner individuellen die Massenform. Der Schock tritt durch die Reklame in den Dienst der Ware. Je homogener die Massen sind, um so eher trifft sie der Schock der Reklame und um so mehr expandiert die Massenproduktion. Die unübersehbar großen und durch kein Erlebnis anzueignenden Wohnstädte, in denen die Massen von Menschen wie in komfortablen Lagerhäusern aufbewahrt werden während der Zeit, in der sie nicht auf dem Markt ihre Funktionen wahrnehmen, vermitteln den Eindruck, daß die Existenz der Massen in der Gestalt der einzelnen Massenteilchen ein eher zufälliges, kaum noch registriertes Moment ist. In diesem Zusammenhang ist nun etwas Absonderliches von großer Bedeutung für die Lebensweise der Massen in der Stadt: die Verweigerung des Blicks. Auch hier ist es Baudelaire, der die blicklosen Augen des Städters wahrgenommen und affirmativ interpretiert hat. «Er ist blicklosen Augen verfallen und begibt sich ohne Illusionen in ihren Machtbereich ... Der Stumpfsinn, schreibt Baudelaire in einer seiner ersten Veröffentlichungen, ist oft eine Zier der Schönheit[26].» Den Widerwillen gegen die stumpfen Blicke des Menschen in der großstädtischen Masse hat Simmel artikuliert. Das Entwürdigende, das darin liegt, daß die Augen in der Stadt die ganze Sicherungsfunktion des Menschen übernehmen müssen, also die ständige Bereitschaft, die sich nicht einen Augenblick der Unaufmerksamkeit gewähren kann, und wo sich Menschen vielleicht stundenlang in den Verkehrsmitteln stumpf anstarren oder als für die Sicherung in der Wildnis irrelevant nicht wahrnehmen: dieser Widerspruch von Aufmerksamkeit und Stumpfheit wird von Baudelaire in die Lust an der Entwürdigung umgelogen[27]. Die Menschen hasten mit gesenktem Blick aneinander vorbei, oder der unstete Blick registriert den anderen unter der Frage nach Bedrohung und Beeinträchtigung. Hier wird das Verhalten des Menschen in der Stadt unmittelbar natürliche, vorgeschichtliche Kräfte freisetzen. «Mitten in den asphaltierten Straßen der Stadt fühlte ich mich den Naturgewalten preisgegeben[28]», heißt es in der «Berliner Chronik».

Stadt und Tod

Aber Baudelaires Verfallenheit an die blicklosen Augen führt über das Naturgeschichtliche der Großstadt hinaus. In dieser Verfallenheit tritt ein tiefer sozialpsychologischer Zusammenhang hervor: Stadt und Tod. «Die Luft der Stadt, die hier beschworen wird, gönnt ihnen nur ein kurzes, schattenhaftes Dasein. Sie stehlen sich an ihren Mauern hin wie Bettler, tauchen in ihren Fenstern geisterhaft empor, um zu verschwinden, wittern um Schwellen, wie ein genius loci, und wenn sie selbst ganze Viertel mit ihrem Namen erfüllen, so ist es auf die Art, wie der des Toten den Denkstein auf seinem Grabe. Das nüchterne und lärmende Berlin, die Stadt der Arbeit und die Metropole des Betriebs hat doch nicht minder, sondern eher mehr als manche andern die Orte und die Augenblicke, da sie von den Toten zeugt, von den Toten sich erfüllt zeigt und der dunkle Sinn für diese Augenblicke, diese Orte gibt vielleicht, mehr als alles andere, den Erinnerungen der Kindheit das, was sie so schwer zu fassen und zugleich so lockend quälend macht wie halb vergessene Träume. Denn die Kindheit, die keine vorgefaßte Meinung kennt, kennt auch fürs Leben keine. Es kommt dem Totenreich, wo es in das der Lebenden hineinragt ebenso preziös verbunden (freilich auch nicht weniger reserviert) entgegen wie dem Leben selbst[29].» Mit dem Tod ist die Stadt eng verbunden. Sie selbst ist Totenreich, vergleicht man sie mit den Bildern der Hölle und den Schreckensträumen früherer Epochen. Die Massen in ihr bewegen sich im Totentanz, sowohl ist es ein Tanz wie von Toten als auch ein Tanz umwillen des Todes. Die Nüchternheit der Stadt ist die ihres anorganischen Körpers, ihr Kult der der Leiche. Die Unterscheidung Freuds, daß der Eros ein Zusammenfassen zu immer größeren Einheiten will, und Thanatos die Zerstörung[30], trifft so undialektisch für die Stadt nicht zu. Vielmehr wäre es der Todestrieb, der die Massen in die Großstadt und die anorganische Verwirklichung des Lebens hervorbringt. Der erotische Trieb kann, wie die erotische Verfallenheit an die Stadt zeigt, mit dem Todestrieb durchaus konvergieren. «Im Witwenschleier, schleierhaft durch ihr stummes Dahingetragenwerden im Gewühl, kreuzt eine Unbekannte den Blick des Dichters. Was das Sonett zu verstehen gibt, ist in einem Satz festgehalten: die Erscheinung, die den Großstädter fasziniert – weit entfernt, an der Menge nur ihren Widerpart, nur ein ihr feindliches Element zu haben –, wird ihm durch die Menge erst zugetragen. Die Entzückung des Großstädters ist eine Liebe nicht sowohl auf den ersten Blick als auf den letzten Blick. Es ist ein Abschied für ewig, der im Gedicht mit dem Augenblick der Berückung zusammenfällt. So stellt das Sonett die Figur des Choks, ja die Figur einer Katastrophe. Sie hat aber mit dem so Ergriffenen das Wesen seines Gefühls mit betroffen. Was den Körper im Krampf zusammenzieht ... das ist nicht die Beseligung dessen, von dem der Eros in allen Kammern seines Wesens Besitz ergreift; es hat mehr von der sexuellen Betroffenheit, wie sie einen Vereinsamten überkommen kann ... Sie lassen die Stigmata zum Vorschein kommen, die das Dasein in einer Großstadt der Liebe beibringt[31].»

Wird also der Blick im Vorbeihasten in der Masse aufgeschlagen, ist es ein letzter. «Es ist das Einmalige der Dichtung von Baudelaire, daß die Bilder des Weibs und des Todes sich in einem dritten durchdringen, dem von Paris[32].» Die Stadt ist in einem Bild zu fassen, das das Bild der todbringenden Kräfte ist. Es ist das Bild des Labyrinths[33]. Die Stadt als Labyrinth ist keine topographische Aussage, hier findet der Großstädter hinreichende Abstraktionen vor, um sich zurechtzufinden, weil ja für die Stadt das Verhältnis von Landkarte und Landschaft umgekehrt ist. Die Landkarte mit ihren Abstraktionen des Geraden und Rechteckigen schreibt der Stadt ihre Gestalt vor. Das Labyrinth als Bild der todbringenden Kräfte ist ein Labyrinth im Innern des Menschen selber, der die Grenzen seiner Identität nicht mehr ziehen kann, weil ihm die Masse außer ihm von der verinnerlichten Masse nicht mehr geschieden ist. Mit dem Aufschlagen des Blicks wird er des Ichs bewußt im Schauder des definitiven Verlustes.

Liquidation von Gedächtnis und Erfahrung

«Was in der Kammer seiner rätselhaften Mitte haust, Ich oder Schicksal, soll mich hier nicht kümmern, um so mehr aber die vielen Eingänge die ins Innere führen. Diese Eingänge nenne ich Urbekanntschaften ... Soviel Urbekanntschaften, soviele verschiedene Eingänge ins Labyrinth[34].» Das Problem der Identität ist also kein abstraktes, naturgeschichtliches Problem der Anthropologie, sondern mit dem Leben in der Stadt unlösbar geworden. Im Innern des Menschen haust Ich oder Schicksal, die Zugänge sind labyrinthisch. Sie sind besetzt von der Masse, deren Amorphität das Ich statuiert. Die Fragen, die an den Menschen der Stadt zu stellen sind, sind deshalb: haben sie ein Gedächtnis und können sie Erfahrungen machen. Erfahrung und Gedächtnis sind aufeinander bezogen. Die Erfahrung eines Menschen wächst mit dem biologischen Vollzug des Lebens: dem Altern. Die Stadt aber rückt die Menschen außerhalb biologischer, organischer Ordnungen. Sie werden erfahrungslos wie ihre Welt. Die Stadt hat keine Geschichte in allen Veränderungen. Städte altern nicht. Die Menschen «leben ihr Dasein als Automaten und ähneln den fiktiven Figuren Bergsons, die ihr Gedächtnis vollkommen liquidiert haben[35].» Der Moderne ist ein um seine Erfahrungen betrogener Mann; er ist Spieler, dessen regulative Idee das immer wieder von vorn Anfangen ist[36]. An die Stelle der regulativen Prinzipien Anfang und Ende ist das Neue und Immerselbe getreten. Die Menschen machen keine Erfahrungen, wie die Waren auch keine machen. Benjamin spricht von den «armen Seelen, die sich viel umtun, aber keine Geschichte haben[37].» Was für die Menschheit in den Städten zutrifft, daß sie nicht mehr geschichtlich lebt, wiederholt sich als dasselbe Gesetz bei den Menschen, deren Erfahrung liquidiert ist. Dahinter steht eine «Krisis der Wahrnehmung[38]» selber. Die Ausführung dieser noch ungenauen These vom Verlust der Erfahrung in der Großen Stadt wäre die Aufgabe einer Theorie der Informationsmittel, für Benjamin primär der Zeitung, deren Funktion die Abdichtung der Information gegen Erfahrung ist[39]. Ein Indiz für die Richtigkeit seiner These von der Liquidation der Erfahrung ist für Benjamin die Supposition von Realität durch den Haschischrausch. Benjamin selbst hat mit Haschisch experimentiert und die Erfahrungen aufgezeichnet[40]. Haschisch ist eine Konsequenz des Abbaus der Erfahrungen in der Stadt. Diese These gewinnt aufgrund von Erfahrungen mit Haschisch als einer Epidemie in den Großstädten mehr Plausibilität. Benjamin ist der erste, der hier einen unaufhaltsamen Verlauf prognostiziert und vorweggenommen hat. Er spricht von dem «Regiment, das Städte über die Phantasie führen[41]». Die Erinnerung zeigt uns «weniger die Bilder der Menschen als die der Schauplätze[42]». Die Phantasie, das Fühlen und das Erleben des Menschen wird in der Stadt abgetötet, weil die Überlebensbedingungen es erfordern. Der Sensibilität sind ihre natürlichen Quellen versiegt. Auf die Phantasmagorie von Raum und Zeit in der Stadt kann der Mensch nur mit der Reduktion aller sinnlichen Wahrnehmung auf bloße Erhaltung reagieren. Haschisch halluziniert eine Natur, von der Benjamin sagt: «So wirft sie nun, ohne irgend etwas zu hoffen oder erwarten zu dürfen, uns mit vollen Händen dem Dasein hin[43].» Der Phantasmagorie von Raum und Zeit entspricht der Mensch im Haschischrausch durch ein unendliches Vertrauen. «Nun kommen die Zeit- und Raumansprüche zur Geltung, die der Haschischesser macht. Sie sind ja bekanntlich absolut königlich. Versailles ist dem, der Haschisch gegessen hat, nicht zu groß, und die Ewigkeit dauert ihm nicht zu lange. Und auf dem Hintergrunde dieser immensen Dimensionen des inneren Erlebens, der absoluten Dauer und der unermüdlichen Raumwelt, verweilt nun ein wundervoller, seliger Humor desto lieber bei den Kontingenzen der Raum- und Zeitwelt[44].» Der Straßenlärm wird ihm zum Konzert, das Grau der Städte zur Feerie der Farben, eine unbegreifliche Fröhlichkeit verbindet ihn unmittelbar mit den großstädtischen Massen, deren Bewegung Tanz der eigenen Glücksempfindungen ist[45].

Benjamin hat Haschisch nicht als ethisches Problem behandelt, sondern als sozialgeschichtliches. Die Sucht ist für ihn ebenfalls nicht in psychologischen Kategorien faßbar, sie ist nur begleitende und ermöglichende Bedingung, sondern in anthropologischen. Die medizinisch feststellbare Sucht ist nur die Antwort der Natur auf eine Sucht nach Wirklichkeit. Unter den Bedingungen der Stadt umgeht die Sucht nach Wirklichkeit die Erfahrungen. Ihr stellt sich die Wirklichkeit unter ebenso stimulierten Versuchsanordnungen als Herausforderung an die Natur dar, wie es die Stadt vormacht. Das Regiment der Stadt über die Phantasie hat der Haschischesser anerkannt. Er ist Opfer und Zeuge eines Prozesses einer Rebellion der Natur. Benjamin war durch Haschisch besonders gefährdet, denn ein Denken in dialektischen Bildern und Traumskizzen verdankt seine Produktivität der stimulierten Natur. Die Methode seines Denkens ist die

Ähnlichkeit in dem umfassenden Sinn, den Platon dieser Methode gegeben hat. Haschisch aber stiftet Ähnlichkeit. Ein Denken nicht in Bildern, sondern in Begriffen wäre die Alternative. Benjamin selbst hat die profane Erleuchtung der Erleuchtung des Rausches entgegengesetzt. Den Willen zur Profanität hat er religionsphilosophisch begründet. Auch für ihn war die Alternative zur Intoxikation wenn schon nicht die vernünftige der Arbeit des Begriffs, so doch die der Religion. Er hat aber mit allem Nachdruck darauf aufmerksam gemacht, daß hier eine radikale und unaufhaltsame Herausforderung an die Geschichte der Zivilisation gerichtet wird.

Benjamins Beitrag zur Theorie des Gedächtnisses

Besonders schwierig ist es, nicht nur für Benjamin, den Rang des Gedächtnisses in dem angedeuteten Prozeß des Verfalls der Erfahrungen zu bestimmen. Zum einen liegt die Schwierigkeit in dem erst am Anfang befindlichen Gang einer Wissenschaft des Gedächtnisses. Seit Benjamin, der schon sehr differenzierte Theorien des Gedächtnisses voraussetzte (Bergson, Freud) haben sich die Wissenschaften weiter differenziert. Es ist deshalb nur in Umrissen möglich, Benjamins Beitrag dazu zu skizzieren. Den Ausgangspunkt bildet Bergsons Theorie des reinen Gedächtnisses. Das reine Gedächtnis ist die Antwort Bergsons auf die Informationstheorien des Bewußtseins. Das Gedächtnis ist nicht bloß ein je nach Konstitution verschiedene Nachrichten speichernder Automat, sondern das reine Gedächtnis nach Bergson verfügt über Daten von Erfahrungen, die nicht auf die Reproduktion des genormten, denaturierten Daseins der zivilisierten Massen beschränkt sind[46]. Bergson hat es, wie Benjamin kritisiert, vermieden, dieses reine Gedächtnis wahrer Erfahrungen in einer Geschichte der Erfahrungsmöglichkeiten des Menschen auszuweisen. «Jedwede geschichtliche Determinierung der Erfahrung weist er vielmehr zurück[47].» Ein sich selber geschichtlich Begreifen hätte Bergson die Naivität genommen, mit der er das reine Gedächtnis dem nachrichtenspeichernden Bewußtsein gegenüberstellt. Bergson hat in der Darstellung Benjamins zwei Argumente für die Evidenz seines reinen Gedächtnisses entwickelt. Das erste ist, daß das Gedächtnis über das Sammeln von Nachrichten hinaus über unbewußte Quellen des Daseins von Totalität verfügen kann. «Die Erfahrung ... bildet sich weniger aus einzelnen in der Erinnerung streng fixierten Gegebenheiten denn aus gehäuften, oft nicht bewußten Daten, die im Gedächtnis zusammenfließen[48].» Bergson unterstellt also eine reine, spontane, nicht programmierte Totalität, in die Daten eingeordnet werden. Dieser Totalität liegen nicht kybernetisch erzeugte Erfahrungen zugrunde. Diese These begründet Bergson damit, daß er für das Gedächtnis die Trennung von Denken und Wollen nicht anerkennt. Der Wille, nicht der bewußte, sondern ein unbewußter Wille wirkt auf das Gedächtnis. Diese Theorie kritisiert Benjamin als undialektisch. Sie kann deshalb ihre eigene geschichtliche Bedingtheit nicht erkennen, mit der sie selber, zumindest ihr Begriff der Totalität, Nachbild der Epoche der großen Industrie ist. Dennoch bleibt diese Theorie wertvoll, weil sie dem Unbewußten eine entscheidende Rolle für das Dasein von Totalität gibt und weil sie dem Willen eine unkontrollierbare Mitwirkung bei der Konstitution des Gedächtnisses zuerkennt. Bergsons mehr ahnungsvolle und symptomatische als begriffene Theorie des Gedächtnisses wird von Freud differenziert und terminologisch durchgeführt. Für Benjamin ist dabei wichtig, daß das Bewußtsein in striktem Widerspruch zum Gedächtnis steht. Wenn das richtig ist, müssen die kybernetischen

Theorien des Bewußtseins durch dialektische ersetzt werden, denn dann ist die Gleichsetzung von Bewußtsein mit Nachrichten falsch. Von Freud her ist es gerade für das Bewußtsein von seiner Funktion her kennzeichnend, daß es als Reizschutz fungiert. «Nach Freud nähme das Bewußtsein als solches überhaupt keine Gedächtnisspuren auf. Dagegen hätte es eine andere Funktion, die von Bedeutung ist. Es hätte als Reizschutz aufzutreten[49].» Die Trennung von Gedächtnis und Bewußtsein ist so durchgeführt, daß das Bewußtsein auf das Gedächtnis nur dort zurückgreift, wo das im Gedächtnis Tradierte unbewußt geblieben ist. Das Bewußtsein macht also nur von unbewußten Erinnerungen Gebrauch. Das Gedächtnis dagegen unterliegt nicht der Kontrolle und Diktatur des Bewußtseins. Wo das Bewußtsein eintritt, zerstört es notwendig die Erinnerung und setzt Informationen an die Stelle der Erinnerungsspur.
Die Konsequenzen dieser Annahmen über Erfahrung und Gedächtnis für eine Theorie der Stadt bestehen darin, daß durch den Realitätsschwund in der Stadt Erfahrung und Gedächtnis unheilbar auseinanderfallen. Wenn nur unbewußte Erfahrungen im Gedächtnis verharren, kann es nur Vermutungen über das Erinnerungsvermögen des Menschen in der Stadt geben. Aber eine Armut der Erinnerungen kann aus der Abstumpfung des Erlebnisses geschlossen werden. Der Zwang, der auf den Menschen ausgeübt wird, ständig Informationen sich aneignen zu müssen, kann nicht zu Gedächtnis und damit zu Erfahrungen verarbeitet werden. Das Bewußtsein dagegen wird mit seiner Aufgabe des Reizschutzes fast zum einzigen Agenten des Menschen in der Wirklichkeit. Die Durchbrechung der Trennung von Gedächtnis und Bewußtsein geschieht nun im Schock. Die Stadt reduziert also zunehmend Erfahrung, Erlebnis und Gedächtnis und inthronisiert das Bewußtsein als das ausser-sich-Sein des

Menschen als fast einziger Lebensform, bis auf die Phasen des Schlafens. Der Schock dagegen ist die augenblickshafte Durchbrechung des Reizschutzes. Daher wäre eine Phänomenologie der Stadt eine Registrierung der Schocks, die in der Stadt an die Stelle aller Vermittlungen getreten sind. Benjamin macht aufmerksam auf die Vorherrschaft der abrupten Handgriffe, die die organischen Handlungen früherer Kulturen ersetzt haben. «Unter den unzähligen Gebärden des Schaltens, Einwerfens, Abdrückens und so fort wurde das ‹Knipsen› des Photographen besonders folgenreich. Ein Fingerdruck genügte, um ein Ereignis für eine unbegrenzte Zeit festzuhalten. Der Apparat erteilte dem Augenblick sozusagen einen posthumen Chok ... Durch den Verkehr sich zu bewegen, bedingt für den einzelnen eine Folge von Choks und von Kollisionen. An den gefährlichen Kreuzungspunkten durchzucken ihn, gleich Stößen einer Batterie, Innervationen in rascher Folge ... So unterwarf die Technik das menschliche Sensorium einem Training komplexer Art. Es kam der Tag, da einem neuen und dringlichen Reizbedürfnis der Film entsprach. Im Film kommt die chokförmige Wahrnehmung als formales Prinzip zur Geltung. Was am Fließband den Rythmus der Produktion bestimmt, liegt beim Film der Rezeption zugrunde[50].»

Massenleben ohne Regression

Die Belastungen des Menschen in der Stadt in der Auseinandersetzung mit der Realität haben zu der Überzeugung von der Unmenschlichkeit der Städte geführt. Stadtplanern wird daher abverlangt, durch Planung das Leben in der Stadt erträglicher zu machen. Erträglicher oder menschlicher erscheinen dann die vorstädtischen

Lebensordnungen: Dorf und Kleinstadt. Es dringen daher in die Utopien menschlicherer Städte die Vorstellungen von dörflichen und kleinstädtischen Idyllen ein. Die funktionale Totalität der Großstadt soll aufgesplittert werden.

Am Beginn des 20. Jahrhunderts waren die Spuren eines Widerstands der Bürger gegen die Große Stadt noch authentisch wahrnehmbar. Benjamin analysiert die Auseinandersetzung von Stadt und Land an den Stadträndern. Die politische Atmosphäre einer Stadt ist im Weichbild der Stadt virulent. Die Form, in der die Stadt an ihrem Rand unkontrolliert und ungeplant sich ergießt mit dem, was in ihr keinen Platz gefunden hat, seien es Fabriken, Lagerräume, Kleingärtner, Wohnsilos, Slums, Gärtnereien, Verkehrssysteme usw., verrät ihre Wucherungen und Krisen. «Weichbilder sind der Ausnahmezustand der Stadt, das Terrain, auf dem ununterbrochen die große Entscheidungsschlacht zwischen Stadt und Land tobt[51].»

Die Vergiftung der Natur im Umkreis der Städte und entlang ihrer Verkehradern, wie es in trügerischer Anspielung auf organisches Leben heißt, hat auch einen allegorisch- naturgeschichtlichen Aspekt.

Der bestimmende Eindruck, den Benjamin von Moskau hatte, war der Eindruck einer vollständigen Herrschaft des Dorfes riesiger Erstreckung über die Stadt. Straßenhandel, Bettel und Läden, Plätze, Höfe und Wohnhäuser gehorchen dem Rhythmus und den Regeln des dörflichen Lebens. Aber Benjamin hat die Resistenz des Dorfes gegen die Stadt nicht als Weg der Rettung eines Humanum gesehen, sondern als sozialgeschichtliches Übergangsphänomen; es gelingt den Menschen nicht, so schnell ihre Kontinuität aufzugeben, wie die Stadt es ihnen abverlangt.

Aber der natürliche Kreislauf der Generationen, der beschränkte und unveränderliche räumliche Umkreis haben in der dörflichen Stadt keine Entsprechung und finden keinen Ersatz. Die Planung dörflicher Verhältnisse als Programm der Vermenschlichung der Städte kann nicht gelingen, weil sich Naturwüchsigkeit und Konservativismus nicht produzieren lassen, und zugleich andere, stärkere Normen und Erfordernisse der Selbsterhaltung Entgegengesetztes fordern.

Der Charakter des Dorfes zeigt sich unter anderem darin, daß Arbeit und Muße im Freien ihren Ort haben; die Einheit von Arbeitsplatz und Wohnung gehört gleichfalls zum dörflichen Leben und läßt sich nicht in städtische Ordnungen transformieren, es sei denn eben für die Händler, die Bettler, die Arbeitslosen und Kinder. Es ist das Sitzen auf der Schwelle, das für Benjamin für Moskau den dörflichen Charakter bewahrt. Das Sitzen auf der Schwelle, selbst im Winter, will die Trennung von innen und außen noch nicht wahrhaben. Innen findet das Subjekt nichts vor, außen ist es funktionslos bez. bloße Funktion, so verharrt es auf der Schwelle.

Die Stadt aber zwingt den Menschen die Lebensweise der Trennung von innen und außen auf, zugleich hebt sie durch die Gleichförmigkeit des Inneren der Wohnungen diese Trennung wieder auf, die so den Charakter eines funktional notwendigen Scheins annimmt.

In Moskau ist Benjamin als besonders eindringliches Zeichen für die Unrettbarkeit des dörflichen Lebens in der Stadt die Allgegenwart der künstlichen Blumen aufgefallen. Ihre Schönheit und Unvergänglichkeit und der Kultus der bäuerlichen Menschen mit ihnen zeigten unheilbar den Abbruch mit der organischen Natur[52].

Eine andere Quelle, aus der die Programme einer Vermenschlichung der Städte gespeist werden, ist die idealisierte kleinstädtische Welt. Hier ist die Vorstellung der guten Nachbarschaft und des Dazugehörens zum öffentlichen Leben der Gemeinschaft maßgeblich. Der Widerstand des in kleinstädtischen Größenordnungen lebenden Bürgers gegen die Großstadt hat seinen getreuesten Abdruck in dem Leben der Renegaten ihrer Klasse in den Cafés und Treffpunkten der Künstler, Literaten, Aufrührer und Gymnasiasten und im Wirtshaus des Kleinbürgers gefunden. Im Café und Wirtshaus opponiert die Kleinstadt vergeblich gegen ihre Liquidation[53].

Die Welt des Bürgers, die ‹Gesellschaft›, zu der er sich zugehörig fühlt, wird in den grossen Städten aufgelöst. Die unglaubwürdige Vertraulichkeit der Lokalzeitung simuliert nach wie vor diese kleinstädtische Welt, aber der Bürger ist in ihr nur noch Zuschauer und durchschaut die falsche Heimatlichkeit.

Benjamin macht auf die Bedeutung des Telefons aufmerksam, das zunächst eine technische Perfektion kleinstädtischer Kommunikation herbeizuführen scheint, in Wirklichkeit aber der Kommunikation den öffentlichen Charakter nimmt und die Bürger in die Sphäre des Privaten und – davon abgetrennt – des Geschäftlichen drängt. Mit dem Aufstellen des Telefons, das um 1900 in den Wohnungen aus einer Ecke des Flurs im Dienstbotenbereich in das Zentrum der Wohnungen allmählich vordringt, verschwindet die Trennung der öffentlichen Räume (Empfangsräume, Bibliothek und Kontor) von den privaten Räumen innerhalb der Wohnungen selbst.

Für Benjamin stellt sich nicht die Frage, ob eine Rückkehr aus der Großen Stadt in dörfliche oder kleinstädtische Ordnungen wünschenswert ist, sondern ihm scheint durch irreversible Veränderungen des Massenlebens ein solcher Rückweg abgeschnitten. Diese unumkehrbaren Prozesse haben eine Revolution des Naturverhältnisses zum Inhalt und einen fundamentalen Umsturz aller gesellschaftlich vermittelten Realitätserfahrung vollbracht. Ein Ausweichen vor der Stadt in vorstädtische Lebensordnungen ist partiell möglich, wenngleich den Superstrukturen des kollektiven Erlebens und Handelns das systemkonforme Dasein des Großstädters eher genügen kann.

Gesellschaft ist daher zu Recht ein alle Abstufungen und Unterscheidungen übergreifender Begriff geworden. Hier wirken Gewalten einer Vorsehung in der Geschichte, denen kurzatmige Reformprogramme einer Humanisierung der Städte nur dienstbar sein können, gleichgültig, ob der Impuls progressiv oder reaktionär verstanden werden muß. Benjamin, wie immer er auch an Leiden und Verzweiflung der bürgerlichen Klasse teilhatte, deren substantielle Humanität, ihre Utopie einer menschlichen, vernünftigen Welt, einer neuen Barbarei weichen mußte, vertraute darauf, daß die Gewalt der Geschichte eine rettende, erlösende und versöhnende ist.

«Es geht nur darum: Welche Wirklichkeit wird innerlich der Wahrheit konvergent? Welche Wahrheit bereitet mit dem Wirklichen zu konvergieren innerlich sich vor? ... Nur wer, in der Entscheidung, mit der Welt seinen dialektischen Frieden gemacht hat, der kann das Konkrete erfassen[54].»

Anmerkungen

1 Benjamin, Illuminationen, a. a. O. 187

2 A. a. O. 223

3 A. a. O. 254

4 Walter Benjamin, Berliner Chronik. Mit einem Nachwort, herausgegeben von Gershom Scholem, Frankfurt a. M. 1970, 11

5 Benjamin, Illuminationen, a. a. O. 251

6 A. a. O. 198

7 A. a. O. 199

8 A. a. O. 200

9 A. a. O. 213
10 A. a. O. 324 f.
11 Benjamin, Berliner Chronik, a. a. O. 12 und 24
12 Benjamin, Illuminationen, a. a. O. 194 f.
13 Benjamin, Berliner Chronik, a. a. O. 19
14 Benjamin, Illuminationen, a. a. O. 240
15 Benjamin, Angelus Novus, a. a. O. 420
16 Allein diese Dialektik berücksichtigt Peter Szondi in seinem Nachwort zu «Städtebilder». Er interpretiert sie als literaturwissenschaftliches Verfahren und als Methode. Benjamin selber wird nur unter dem Gesichtspunkt seines literarischen Stils thematisch. Cf. Peter Szondi, Nachwort in Walter Benjamin, Städtebilder, Frankfurt a. M. [2]1963
17 Benjamin, Angelus Novus, a. a. O. 420
18 Benjamin, Illuminationen, a. a. O. 222
19 Benjamin, Städtebilder, a. a. O. 9
20 Benjamin, Berliner Chronik, a. a. O. 34
21 Benjamin, Illuminationen, a. a. O. 195
22 A. a. O. 190
23 A. a. O. 193
24 Benjamin, Berliner Chronik, a. a. O. 80
25 Benjamin, Illuminationen, a. a. O. 240
26 A. a. O. 236 f.
27 A. a. O. 237 f.
28 Benjamin, Berliner Chronik, a. a. O. 22
29 A. a. O. 57 f.
30 Cf. Sigmund Freud, das Unbehagen in der Kultur, Frankfurt a. M. und Hamburg [20]1971
31 Benjamin, Illuminationen, 215 f.
32 A. a. O. 195
33 A. a. O. 262 f.
34 Benjamin, Berliner Chronik, a. a. O. 62
35 Benjamin, Illuminationen, a. a. O. 224
36 A. a. O. 226
37 A. a. O. 231
38 A. a. O. 234
39 A. a. O. 204 f.
40 Die Aufzeichnungen sind jetzt zugänglich in Walter Benjamin, Über Haschisch, Novellistisches, Berichte, Materialien. Herausgegeben von Tillmann Rexroth, Frankfurt 1972
41 Benjamin, Berliner Chronik, a. a. O. 61
42 A. a. O.

43 Benjamin, Illuminationen, a. a. O. 351. In seiner «Einleitung» zu Walter Benjamin, Über Haschisch, a. a. O., schließt Hermann Schweppenhäuser an Benjamins Thesen zur Dialektik der Subjektivität Erörterungen im Stil Adornos an. Schweppenhäuser verteilt Sympathie und Antipathie gleichmäßig auf die zweckrationale Vernunft und ihr instrumentell-verdinglichendes Naturverhältnis auf der negativen Seite und die profane Erleuchtung des Rauschs eines Denkens, das der Verdinglichung opponiert, auf der anderen Seite. Benjamin hat so undialektisch nicht geschieden. Die medizinische Seite des Haschischessens, die Dosierung und die Rolle einer Versuchsperson hat er bejaht und damit doch «instrumentelles Handeln». Auch die Eitelkeit und den Selbstgenuß des Berauschten, damit die gesteigerte Subjektivität hat er gebilligt. Schweppenhäuser glaubt, Benjamins Haschischessen vor dem Vorwurf des Eskapismus in Schutz nehmen zu müssen und es als Plädoyer für einen substanziellen Pluralismus interpretieren zu können, indem das Subjekt sich mit der Wirklichkeit, zu der es unversöhnlich steht, «unterirdisch» verwandt fühlt. Schweppenhäuser sieht das Haschischessen allein auf die verzweifelte Situation der Subjektivität bezogen, die sich selbst loswerden will und dazu ihrer bedarf. Für die sozialphilosophische Seite des Haschischessens muß allein der Hinweis genügen, daß «insgesamt unterm Spätkapitalismus» das ausgebrannte Subjekt der Entfremdung nur noch mehr ausbrennt. (S. 26) Womit der revolutionäre Charakter solcher Erörterungen gewährleistet ist.

44 Benjamin, Illuminationen, a. a. O. 345

45 A. a. O. 345 f. und passim

46 A. a. O. 202

47 A. a. O. 202 f.

48 A. a. O. 202

49 A. a. O. 206 f.

50 A. a. O. 221

51 Benjamin, Städtebilder, a. a. O. 42

52 A. a. O. 21 f.

53 Benjamin, Berliner Chronik, a. a. O. 44 ff.

54 Benjamin, Städtebilder, a. a. O. 8